***ACCESO GRATIS** a la Lectura en la Nube*

Para visualizar el libro electrónico en la nube de lectura envíe junto a su nombre y apellidos una fotografía del código de barras situado en la contraportada del libro y otra del ticket de compra a la dirección:

ebooktirant@tirant.com

En un máximo de 72 horas laborales le enviaremos el código de acceso con sus instrucciones.

EL CONTROL CONSTITUCIONAL DE LA SEGURIDAD NACIONAL

EL CONTROL CONSTITUCIONAL DE LA SEGURIDAD NACIONAL

José Ramón Cossío Díaz
Gonzalo Sánchez de Tagle P.S.

tirant lo blanch
Ciudad de México, 2024

© EDITA: TIRANT LO BLANCH
DISTRIBUYE: TIRANT LO BLANCH MÉXICO
Av. Tamaulipas 150, Oficina 502
Hipódromo, Cuauhtémoc, 06100, Ciudad de México
Telf: +52 1 55 65502317
infomex@tirant.com
www.tirant.com/mex/
www.tirant.es
ISBN: 978-84-1071-753-4

Si tiene alguna queja o sugerencia, envíenos un mail a: *atencioncliente@tirant.com*. En caso de no ser atendida su sugerencia, por favor, lea en *www.tirant.net/index.php/empresa/politicas-de-empresa* nuestro Procedimiento de quejas.

Responsabilidad Social Corporativa: http://www.tirant.net/Docs/RSCTirant.pdf

Índice

I. INTRODUCCIÓN

El propósito de este trabajo es establecer los orígenes y evolución del concepto "seguridad nacional", tanto en lo que se refiere a las normas como a las prácticas jurídicas. Como habremos de demostrarlo, nuestro país pasó de una situación en la que, por decirlo así, tal concepto estaba completamente ausente en prácticamente todos los ámbitos de la vida nacional, a otra en la que ha adquirido una predominancia indiscriminada.

Si revisamos los discursos políticos, sociales, culturales o jurídicos existentes hace no muchos años, podremos advertir que en casi ninguno de ellos era utilizada esa expresión. En lugar de ella se echaba mano del "interés público", el "interés social" o el "bien público" a fin de darle preminencia a ciertas actividades o decisiones provenientes de distintas autoridades. Basta mirar los primeros artículos de un sinnúmero de leyes federales y locales, para corroborar el uso de esas expresiones y, con ello, su pretendida superioridad o materialidad frente a las oposiciones o, inclusive derechos, de los particulares.

Con el devenir del tiempo los términos utilizados se han desplazado o subordinado a otro más amplio. Precisamente, el de "seguridad nacional". Ha sido éste un elemento primeramente político y luego jurídico, que ha servido para concentrar las viejas funciones del "orden público" (lato sensu), pero también para introducir otras muchas nuevas y de mayor calado.

Creemos que en la actualidad la seguridad nacional está cumpliendo, sino todas, sí al menos muchas de las funciones que en el pasado tuvo el no menos problemático concepto de la "razón de Estado". Así como desde tiempos antiguos esta categoría permitió excepciones y excepcionalidades en el actuar de las autoridades de distintos regímenes, actualmente presenciamos su sustitución por otro que ya no apela a la protección del Estado, sino a la de la nación.

Debido a las funciones que en la actualidad se le están asignando a la "seguridad nacional" pero, sobre todo, a las que en el futuro seguramente querrán dársele, es de la mayor importancia entender la génesis, evolución, posibilidades y efectos de ese concepto. Como veremos, el mismo apareció —así sea recientemente— como una directriz para las conductas públicas encaminadas a la protección de los nacionales mexicanos, siempre bajo la mediación de conductas o bienes de carácter público. Como también demostraremos, de esa concepción riesgosa pero relativamente acotada y con cierta tradición, se saltó a otra en la cual la seguridad nacional adquirió otras proporciones.

Por una parte, ha servido como un criterio de legitimación de acciones excepcionales con respecto a las regulaciones ordinarias que distintas autoridades buscan establecer. De esta manera, ahí dónde el legislador y los órganos administrativos debieran llevar a cabo ciertas conductas mediante la emisión de las correspondientes normas, se han abierto espacios de excepción fundados, precisamente, en la idea de la seguridad nacional. Por otra parte, el mismo concepto ha servido como un valladar para impedir el conocimiento de un sinnúmero de actuaciones públicas, sea que se encuentran fundadas —o no— en la propia seguridad nacional. Es decir, que tal valladar se ha utilizado para darle el carácter de seguridad nacional a ciertos actos, o de refrendarlo en aquellos casos en que las autoridades así lo hubieren determinado.

Decimos que este concepto es de gran importancia actual debido a la cantidad de acciones y normas que mediante él se están realizando. Sin embargo, creemos que en el futuro próximo —y desafortunadamente— adquirirá relevancia consecuencia de los procesos autoritarios y de militarización que nuestro país está viviendo. En cuanto al primero, basta tener en cuenta las propuestas para desaparecer al Instituto Nacional de Acceso a la Información a fin de sustituirlo por un órgano (la secretaría de la Función Pública o su equivalente) que ni de lejos tiene las posibilidades de realizar sus funciones. Como consecuencia de esta decisión equivocada, es previsible que la nueva autoridad se limite a convalidar las decisiones que los distintos sujetos obligados tomen respecto al carácter de seguridad nacional de la información que produzcan al ejercer sus competencias jurídicas.

En lo que se refiere a la militarización —por si lo anterior fuera poco— es altamente probable que las autoridades civiles le confieran un número creciente de tareas a los militares a fin de blindar la información y, con ello, la actividad misma, bajo el argumento de qué todo lo realizado por las Fuerzas Armadas es de seguridad nacional por el simple hecho de haber sido realizado por ellas.

Este libro pretende ser, en primer lugar, una guía para que las personas entiendan cómo y por qué hemos llegado a la actual situación en materia de seguridad nacional. Pretende también ser una especie de guía para que la ciudadanía pueda resistir a las muchas voces que al unísono nos dirán que todo aquello que hacen las autoridades está justificado porque tratan de garantizar la seguridad nacional y, con ello, nuestra seguridad individual.

II. ORIGEN Y EVOLUCIÓN DEL CONCEPTO DE SEGURIDAD NACIONAL

En el texto original de la Constitución Política de los Estados Unidos Mexicanos promulgada el 5 de febrero de 1917, la palabra *seguridad* es utilizada en una sola ocasión. En efecto, en el artículo 131 se estableció la facultad de la Federación para permitir o prohibir por motivos de seguridad la circulación de las mercancías por el territorio nacional en los términos siguientes:

> Es facultad privativa de la federación, gravar las mercancías que se importen o exporten o que pasen de tránsito por el territorio nacional, así como reglamentar en todo tiempo; y aún prohibir por motivos de seguridad o de policía, la circulación en el interior de la República, de toda clase de efectos, cualquiera que sea su procedencia; pero sin que la misma Federación pueda establecer ni dictar en el Distrito Federal y Territorios Federales, los impuestos y leyes que expresan las fracciones VI y VII del artículo 117.

Al comparar la versión original con el texto vigente es fácilmente constatable la aparición y uso de menciones a esa palabra con distintos alcances y sentidos: seguridad social, seguridad vial, seguridad interior, seguridad pública y seguridad jurídica. En lo que aquí interesa, queremos hacer notar la incorporación del término "seguridad nacional" de manera más reciente. A este respecto es verdad que de la revisión de las leyes expedidas a lo largo del siglo XX es fácilmente identificable que con otros conceptos se buscaba cumplir funciones jurídicas semejantes —como el de "orden público"—, el campo abarcado por el de "seguridad nacional" se ha extendido para comprender nuevas y diferentes funciones jurídicas.

La seguridad nacional quedó constitucionalizada con la publicación en el Diario Oficial de la Federación del 5 de abril del año 2004 del "Decreto por el que se adiciona la fracción XXIX-M al artículo 73 y se reforma la fracción VI del artículo 89 de la Constitución Política de los Estados Unidos Mexicanos." En primer lugar, mediante la adición del literal M a la fracción XXIX del artículo 73 constitucional para otorgarle competencias al Congreso de la Unión para expedir leyes en esa materia; en segundo lugar, mediante la reforma del artículo 89, fracción VI, para conferirle al presidente de la República la facultad de procurarla en los términos dispuestos en las leyes emitidas por el Congreso de la Unión.

Las anteriores adiciones constitucionales únicamente fueron, simultáneamente, la culminación de un camino que mostraba usos y mal usos al concepto de seguridad nacional en el México presente, así como el inicio de otros derroteros tan o más equívocos y desviados que los que le precedieron.

En lo que sigue nos proponemos llevar a cabo la periodización de la evolución histórica del concepto jurídico de seguridad nacional.[1] Al respecto es posible observar una serie de etapas en donde se asignan diferentes usos y consecuencias al término. En primer lugar distinguimos una etapa que a falta de mejor nombre llamamos preventiva o punitiva, en la cual la seguridad de la nación se buscaba garantizar desde los códigos penales. La segunda etapa la denominamos administrativa u operativa ya que en ella la seguridad nacional buscó garantizarse desde la organización de la Administración Pública Federal y la presidencia de la República. En tercer lugar identificamos un periodo al que constitutivo o confrontativo, definido por el uso que se le da a este concepto tanto en reformas hechas a la Carta Magna como en expedición de distintos textos legislativos. De manera casi inmediata, se observa la transición a un periodo militarista, en donde se incentiva la participación de las fuerzas armadas en las tareas de seguridad nacional. Por último, se cierra este apartado con la prospectiva de lo que la historia sobre los usos de la seguridad nacional permite atisbar para el futuro próximo.

A) ETAPA PREVENTIVA/PUNITIVA

Reiterando lo acabado de señalar, durante este periodo se distingue el uso de expresiones relacionadas con la seguridad nacional desde los distintos códigos penales expedidos a finales del siglo XIX e inicios del XX. Iniciando con el que estuvo en vigor de 1872 hasta

---

1 Para un análisis histórico más general de una parte importante del periodo en análisis, cfr. Benítez Manaud, R. Soberanía, política exterior y seguridad nacional en México: 1821-1990, Revista de Administración Pública, 98, pp. 57 y ss.

1929,[2] se diferenciaron los delitos en contra de la seguridad exterior e interior de la nación. En el título décimo tercero del libro tercero del Código decimonónico se determinó que eran faltas a la seguridad exterior de México la traición a la patria, la conspiración, el espionaje, la guía del enemigo nacional mediante la proporción de víveres y transporte o por la revelación de secretos militares, entre otros. Quedaron comprendidas conductas que pudieran tener una vinculación con elementos extranjeros que, a su vez, tuvieran la posibilidad de significar una amenaza a los nacionales mexicanos. A su vez, en el título décimo cuarto se previeron los delitos en contra de la seguridad interior, clasificados como los relacionados con la rebelión y con la sedición.

Aunque este tipo de denominaciones persistieron en el Código Penal expedido en el año de 1929 a partir de la dualidad seguridad exterior-seguridad interior de la nación, se dio un cambio relevante.[3] Se abandonó el orden del Código anterior en el que primero se colocaron los delitos que podían afectar a los particulares y seguir con los que podían hacerlo con la nación en su conjunto, para asignarlos en sendos títulos en el libro tercero. Fuera de esta colocación y su correspondiente diferenciación, se mantuvo la continuidad de los delitos: traición a la patria, espionaje y conspiración como amenazas a la seguridad exterior, y rebelión, sedición, motín, tumultos y otros desórdenes públicos como riesgos a la interior.

En 1931 se expidió el nuevo Código Penal que con numerosos cambios se mantienen en vigor.[4] En el texto original se mantuvo la distinción de las dimensiones exterior e interior de la seguridad de la nación. Sin embargo, con la reforma expedida una década después,[5]

2 Código Penal para el Distrito Federal y Territorio de la Baja-California sobre delitos del fuero común, y para toda la República sobre delitos contra la Federación, expedido el 7 de diciembre de 1871 por el Congreso de la Unión y cuya vigencia inició el 1° de abril de 1872.

3 Código Penal para el Distrito y Territorios Federales, publicado en el Diario Oficial de la Federación del 5 de octubre de 1929.

4 Código Penal para el Distrito y Territorios Federales en Materia de Fuero Común y para toda la República en Materia de Fuero Federal, Diario Oficial de la Federación del 14 de agosto de 1931.

5 Ley que reforma y adiciona el Código Penal para el Distrito Federal en materia del fuero común y para toda la República en materia de fuero federal, publicada en el Diario Oficial de la Federación del 14 de noviembre de 1941.

se abandonaría esta dualidad para únicamente hablar de la "seguridad" sin calificarla. Las conductas relacionadas siguieron siendo las mismas, salvo la adición del delito de disolución social. Este delito fue objeto de importantes discusiones. Su derogación formó parte del pliego petitorio formulado por el Consejo Nacional de Huelga durante el movimiento estudiantil de 1968.[6] Después de un esfuerzo conjunto de la Barra Mexicana-Colegio de Abogados y otras instituciones académicas, el presidente Díaz Ordaz promovió la derogación de los artículos 145 y 145 bis, relacionados a este delito.[7] A excepción de este delito, que como se verá más adelante, hoy en día subsisten todos aquellos delitos que atentan contra de la seguridad, ya no clasificada como interior y exterior, sino de la Nación.

En junio de 1942 México declaró la guerra a las tres potencias del Eje. Al establecerse las prevenciones generales del Estado de guerra exigidas por el artículo 29 constitucional, se suspendieron a la par los derechos humanos —entonces llamados garantías individuales— y se asignaron facultades extraordinarias al presidente para legislar,[8] sin que en los respectivos decretos se precisara el concepto aquí analizado. Más bien se aludió a él mediante conceptos relacionados. Así por ejemplo, se hizo mención del interés social, del interés público o del orden nacional, pero nunca se habló de la seguridad nacional como tal.

Lo que en este periodo queda claro es, destacadamente, la inexistencia de una categorización completa o compleja respecto a eso que

---

6 Este fue el numeral 4 del pliego petitorio en donde se expresaron las exigencias de la comunidad universitaria, a través del Consejo Nacional de Huelga. Este documento se dio a conocer el 2 de agosto de 1968. Fuente: "Nace el Consejo Nacional de Huelga", *Gaceta UNAM*, Suplemento Especial "50 años del 68", núm. 4, 2 de agosto 2018. Disponible en: 020818.pdf (unam.mx).

7 Mediante la publicación, Reformas al Código Penal para el Distrito y Territorios Federales en Materia de Fuero Común y para toda la República en Materia Federal y al Código Federal de Procedimientos Penales, en el Diario Oficial de la Federación de julio de 1970.

8 Mediante tres decretos publicados en el Diario Oficial de la Federación del 2 de junio de 1942. Estos fueron: "Decreto que autoriza al Ejecutivo Federal para declarar el estado de guerra entre México y Alemania, Italia y Japón", "Decreto que aprueba la suspensión de las garantías individuales consignadas en varios artículos constitucionales" y "Decreto declarando que los Estados Unidos Mexicanos se encuentran en estado de guerra con Alemania, Italia y Japón".

hoy se le llama seguridad nacional. La inexistencia de un desarrollo normativo sobre esta noción más allá de lo penal, de las sentencias aplicadas o de los criterios jurisprudenciales emitidos por la Suprema Corte de Justicia y los tribunales federales. Este factor determinaría, por las mismas razones, la falta de un control de constitucionalidad sobre la seguridad nacional. En ese momento no era posible promover controversias constitucionales o acciones de inconstitucionalidad, por lo que no se podía impugnar una reforma al Código Penal. El único mecanismo factible residía en el juicio de amparo, pero, por la dinámica con la que se realizaba en aquellos años, estos eran juicios más bien orientados a la legalidad de la aplicación de las normas que al cuestionamiento sobre sus alcances y sentido.

En lo que respecta al ámbito internacional, el establecimiento del Consejo de Seguridad Nacional de los Estados Unidos (o NSC, por sus siglas en inglés) es un hecho decisivo en la construcción de esta noción a nivel mundial, con independencia del tiempo que tardo en ser adoptado en México. El mismo resultó del Acta de Seguridad Nacional, expedida en 1947 por el presidente Harry Truman, con la intención de abrir un foro de discusión sobre temas relacionados con la política externa y sus afectaciones en la seguridad de la nación.[9]

B) ETAPA ADMINISTRATIVA/OPERATIVA

En la propuesta de clasificación histórica que aquí estamos proponiendo, los periodos subsecuentes no desplazan a los antecedentes. Por lo mismo, la etapa administrativa/operativa no significa la substitución de la etapa anterior en tanto que el Código Penal Federal mantuvo las disposiciones a que nos hemos referido. Por lo mismo, los aspectos que serán descritos en esta sección se adicionan a los últimos, complejizando el desarrollo observable de la noción de seguridad nacional.

---

9 Forigua Rojas, E., El Consejo de Seguridad Nacional de Estados Unidos: evolución, organización y lecciones, *Papel Político,* vol. 7, núm. 1, enero-junio 2012, pp. 239-268. Disponible en: El Consejo de Seguridad Nacional de Estados Unidos: evolución, organización y lecciones (scielo.org.co).

La nomenclatura utilizada para describir este segundo periodo obedece a un cambio crucial en la historia de este término. Nos referimos a la aparición de los planes nacionales de desarrollo. Esto iniciaría con las reformas promovidas por el entonces presidente Miguel de la Madrid a los artículos 25, 26 y 28 de la Constitución en 1983 a fin de crear el llamado Sistema de Planeación Democrática.[10] El mismo tuvo como objetivo coordinar las acciones de distintos sectores estatales y gubernamentales entre sí y con los sectores social y privado para alcanzar las metas consideradas de relevancia nacional.[11] Aunado al sistema, o como consecuencia de éste, comenzaron a emitirse los planes nacionales de desarrollo y, con ellos, a reconocerse el concepto de seguridad nacional. A diferencia de los códigos penales, en donde se consideraba a las personas en lo individual mediante el despliegue de sus conductas, los cambios iniciados a partir de la presidencia de Miguel de la Madrid comenzaron a recaer en la organización interna de la administración pública.

Para evitar confusiones es importante señalar que la primera mención del término en un documento oficial se ha rastreado al año 1973, con la publicación de un nuevo Reglamento Interior de la Secretaría de Gobernación, al facultarse a la Dirección Federal de Seguridad (DFS) para "vigilar, analizar e informar de hechos relacionados con la seguridad de la Nación".[12] De la misma manera, en el Plan Global de Desarrollo 1980-1982,[13] se adjudicó el cuidado de la seguridad nacional a las fuerzas armadas en el contexto de la guerra fría.[14]

---

10 Decreto que reforma y adiciona los artículos 16, 25, 26, 27, fracciones XIX y XX; 28, 73, fracciones XXIX-D; XXIX-E; y XXIX-F de la Constitución Política de los Estados Unidos Mexicanos, publicado en el Diario Oficial de la Federación,

11 Montemayor, R., El Sistema Nacional de Planeación Democrática, Revista de Administración Pública, 55/56, julio-diciembre 1983, pp. 21-33.

12 Reglamento Interior de la Secretaría de Gobernación, publicado en el Diario Oficial de la Federación del 16 de agosto de 1973, p. 8.

13 Secretaría de Programación y Presupuesto, *Plan Global de Desarrollo 1980-1982*, México, 1980, p. 132.

14 Martínez Serrano, A., Tres momentos para entender la seguridad nacional en México, Revista de El Colegio de San Luis, vol. 4, núm. 7, enero-junio 2014, p. 241. Disponible en: Tres momentos para entender la seguridad nacional de México (scielo.org.mx).

A pesar de estos dos antecedentes, en el Plan Nacional de Desarrollo 1983-1988,[15] el presidente de la Madrid recalcó que la seguridad nacional era un eje central del desarrollo integral de México, fungiendo como la herramienta que mantendrá "la condición de libertad, paz y justicia social dentro del marco Constitucional". Asimismo, se determinó que este concepto debía generar acciones destinadas a alcanzar la paz, el fomento del respeto a la autodeterminación y el rechazo a una política de bloques o de hegemonías. Por lo tanto, es posible identificar que el discurso alrededor de la seguridad nacional recoge partes retóricas sobre la soberanía, la paz y un destino nacional que se fundamentan en los principios de la política exterior de México. Narrativa que, en este punto, empezó a tener algún grado de injerencia en la organización administrativa, aun cuando de una forma debilitada.

Esta postura se ha explicado también desde la situación presentada en Centroamérica alrededor de esos años. Algunos autores han señalado que el papel jugado por México mediante el grupo Contadora frente a los levantamientos armados en países como Nicaragua y El Salvador, forjó una idea sobre la realización de una seguridad nacional que no solo reprimiera o previniera levantamientos internos, sino que pudiera organizar una estructura nacional que permitiera a México contender con las situaciones políticas presentes desde afuera, pero en extrema cercanía al propio país.

Esta postura continuaría evolucionando en los planes de desarrollo elaborados en los gobiernos de los presidentes Salinas y Zedillo, correspondientes a los periodos de 1989-1994 y 1995-2000, respectivamente. Se ha mencionado que la aportación más relevante del primero recae en el reconocimiento de la seguridad nacional como el conjunto de la esfera interna y externa del Estado necesaria "para el mantenimiento del orden soberano, por lo que debe ser preservada en el ámbito interno y en el de las relaciones internacionales, con base en la concertación interna y la negociación externa."[16] En el Plan

---

[15] Secretaría de Programación y Presupuesto, *Plan Nacional de Desarrollo 1983-1988*, México, 1983.

[16] Poder Ejecutivo Federal, *Plan Nacional de Desarrollo 1989-1994*, México, 1989, p. 59.

Nacional de Desarrollo 1995-2000 se le describió como "el imperio de la ley en todo el territorio nacional". A ello se adicionó que:

> *"No hay unidad nacional posible ni seguridad nacional viable más que con la plena integridad del territorio mexicano, y sin separatismos ni divisiones infranqueables dentro de nuestra sociedad. Ello es condición necesaria para el ejercicio de las libertades, el avance de la democracia, el diálogo permanente y la cohesión social."*[17]

Por otra parte, mediante un acuerdo publicado en diciembre de 1988, se presenciaría una corporeización de lo que se venía predicando en el Plan Nacional de Desarrollo 1983-1988, cuando el expresidente Salinas de Gortari creó el Gabinete de Seguridad Nacional (GSN), aun cuando el mismo no estaba previsto en la Ley Orgánica de la Administración Pública Federal. A partir de la creación de este órgano la figura del Presidente empezó a tener un papel fundamental en la discusión de lo que se entendería por seguridad nacional. De manera similar a lo ocurrido en Estados Unidos, este órgano se integró "por los titulares de las Secretarías de Gobernación; Relaciones Exteriores; Defensa Nacional y Marina; y de la Procuraduría General de la República",[18] a fin de proporcionar apoyo técnico y asesoría al representante del Ejecutivo Federal. Esto implicó la coordinación de acciones para ejecutar las decisiones resueltas, en cercanía exclusiva con la figura del presidente. Este gabinete seguiría funcionando durante el sexenio de Zedillo, para ser temporalmente reemplazado por la Consejería de Seguridad Nacional a inicios de siglo y reactivando sus funciones en el año de 2003.[19]

De la mano del gabinete, un año después se creó el Centro, como continuación de la Dirección Nacional de Investigación y Seguridad Nacional establecida por el presidente De la Madrid en 1985 mediante la fusión de la Dirección Federal de Seguridad y la Dirección

---

17 Poder Ejecutivo Federal, *Plan Nacional de Desarrollo 1995-2000,* México, 1995, p. 11 y ss.

18 Acuerdo por el que se crea la Oficina de Coordinación de la Presidencia de la República., publicado en el Diario Oficial de la Federación del 7 de diciembre de 1988.

19 Martínez Serrano, A. *Ibidem,* p. 246.

General de Investigaciones Políticas y Sociales.[20] Frente al eventual fin de la Guerra Fría, en 1989, la Dirección Nacional de Investigación y Seguridad Nacional sería reemplazada por el Centro de Investigación y Seguridad Nacional (CISEN).[21] A diferencia del Gabinete de Seguridad Nacional, el CISEN sí figuró dentro de la estructura orgánica de la Administración Pública.[22] Su función fue recolectar la información que se considerara pertinente para salvaguardar este tipo de seguridad. Es decir, explorar distintas fuentes sobre movimientos internos y externos que pudieran llegar a representar una amenaza para la soberanía, paz y desarrollo de la vida política, económica y social del país. Así, el CISEN se convirtió en un brazo de inteligencia en la materia, proveyendo todo el conocimiento necesario para que el GSN pudiera tomar las decisiones que discutiera. Todo esto, desde luego, sin obviar en modo alguno la ejecución de castigos por los delitos contra la seguridad nacional.

En el sexenio del presidente Zedillo se presentó una situación adicional a la cuestión penal y al incipiente cambio en la organización administrativa derivada de la entrada en vigor de la Ley General que Establece las Bases de Coordinación del Sistema Nacional de Seguridad Pública.[23] La relevancia de esta Ley radica en sus propias consecuencias y en la decisión que la Suprema Corte de Justicia tomaría sobre ella poco tiempo después. En primer lugar, este texto legislativo determinaba la formación de un órgano civil para la procuración de la seguridad pública, lo que definió como la coordinación, regulación y administración de fuerzas policiales, además del intercambio de información pertinente en la materia. Sin embargo, el Sistema Nacional de Seguridad Pública no competía únicamente a autoridades civiles; se anexaron, desde luego, actores como los go-

---

20 Secretaría de Gobernación, *Conoce los antecedentes del CNI*, México, s.f., p. 2. Disponible en: AntecedentesCNI.pdf (www.gob.mx).

21 Mediante la actualización del Reglamento Interior de la Secretaría de Gobernación, publicada en el Diario Oficial de la Federación el 13 de febrero de 1989.

22 Según lo estipulado en el "Acuerdo por el que se adscriben orgánicamente las unidades administrativas de la Secretaría de Gobernación", publicado en el Diario Oficial de la Federación el 15 de febrero de 1989.

23 Ley General que Establece las Bases de Coordinación del Sistema Nacional de Seguridad Pública, publicada en el Diario Oficial de la Federación el 11 de diciembre de 1995.

bernadores estatales y el secretario de comunicaciones y transportes, pero, también, la participación de los secretarios de Marina y de la Defensa Nacional.

Por otro lado, esta determinación desembocó en una sentencia fundamental emitida por la recién reformada Suprema Corte de Justicia. En efecto,[24] en enero de 1996 un grupo de legisladores promovieron una acción de inconstitucionalidad alegando que el involucramiento de representantes de la fuerza armada en labores civiles era contrario a lo dispuesto en el artículo 129 constitucional.[25] La Corte resolvió que los motivos de los legisladores eran infundados y que, efectivamente, los miembros de las fuerzas armadas podían participar en actividades que no tuvieran una exacta conexión con la disciplina militar siempre y cuando estuvieran subordinados a una autoridad civil.[26] En sus propias palabras,

> *"No es indispensable la declaratoria de suspensión de garantías individuales, prevista para situaciones extremas en el artículo 29 constitucional, para que el Ejército, Armada y Fuerza Aérea intervengan, ya que la realidad puede generar un sinnúmero de situaciones que no justifiquen el estado de emergencia, pero que ante el peligro de que se agudicen, sea necesario disponer de la fuerza con que cuenta el Estado mexicano sujetándose a las disposiciones constitucionales y legales aplicables."*[27]

---

24 Rosado Pulido, O. M., Origen de la militarización de la seguridad pública en México: análisis histórico de la Acción de Inconstitucionalidad 1/96, *Blog del Centro de Estudios Constitucionales de la SCJN*, 25 de junio de 2020. Disponible en: Origen de la militarización de la seguridad pública en México: análisis histórico de la Acción de Inconstitucionalidad 1/96 | Centro de Estudios Constitucionales (scjn.gob.mx).

25 Artículo 129. En tiempo de paz, ninguna autoridad militar puede ejercer más funciones que las que tengan exacta conexión con la disciplina militar. Solamente habrá Comandancias Militares fijas y permanentes en los castillos, fortalezas y almacenes que dependan inmediatamente del Gobierno de la Unión; o en los campamentos, cuarteles o depósitos que, fuera de las poblaciones, estableciere para la estación de las tropas.

26 Suprema Corte de Justicia de la Nación, acción de inconstitucionalidad 1/96, 5 de marzo de 1996, disponible en: https://www2.scjn.gob.mx/ConsultasTematica/Detalle/4593

27 Tesis [J.]: P./J. 38/, **EJÉRCITO, ARMADA Y FUERZA AÉREA. SU PARTICIPACIÓN EN AUXILIO DE LAS AUTORIDADES CIVILES ES CONSTITUCIONAL (INTERPRETACIÓN DEL ARTÍCULO 129 DE LA CONSTITUCIÓN).** Semanario Judicial de la Federación y su Gaceta, Novena Época, tomo XI, abril de 2000, disponible en: https://sjf2.scjn.gob.mx/detalle/tesis/192080

Estos cinco sucesos definen la etapa que hemos llamado administrativa/operativa. En este periodo se construyeron referencias a la seguridad nacional hacia el interior de la administración pública, y ya no solo se actuó mediante el castigo penal a quienes pudieran atentar contra la soberanía y estabilización del Estado mexicano. Se comenzó a infiltrar la materia en la estructuración orgánica y funcional del gobierno federal.

C) ETAPA CONSTITUTIVA/CONFRONTATIVA

A pesar de los cambios y propuestas habidos, Leonardo Curzio escribía en 1998 que "(L)as connotaciones políticas e ideológicas que se han ido sedimentando en el mismo, no facilitan que surja un debate constructivo sobre el término, en un momento en el cual por lo menos tres elementos concurren para hacer un replanteamiento general. Estos son: 1) El final de la Guerra Fría, 2) La transición política hacia la democracia, y 3) La relativización del concepto de soberanía en un mundo globalizado".[28] Este tema se resolvió en el periodo presidencial de Vicente Fox.

Por una parte, se mantuvieron los delitos en contra de la seguridad interior y exterior de la Nación en los códigos penales y la red de secretarías y gabinetes, pero se adicionaron los dos cambios constitucionales ya citados: la adición de la fracción XXIX-M al artículo 73, y la reforma a la fracción VI del artículo 89. En la iniciativa presentada a la Cámara de Diputados se especificó que la seguridad nacional debía evitar ser definida dentro del marco constitucional debido a su carácter dinámico. Sin embargo, los legisladores precisaron que su inclusión era necesaria en tanto que la ley suprema preveía la defensa de los derechos de las personas cuya responsabilidad estaba a cargo de los distintos poderes del Estado mexicano.[29]

---

28 Curzio, L., La seguridad nacional en México: balance y perspectivas, *Revista de Administración Pública*, 98, p. 9.

29 Diario de los Debates de la Cámara de Diputados del Congreso de los Estados Unidos Mexicanos. Primer período ordinario del Año III de la LVIII legislatura, número 38, México, viernes 13 de diciembre de 2002, p. 391.

Aunado a estas reformas constitucionales, se dieron pasos más claros hacia el establecimiento de una más clara conceptualización de la seguridad nacional. En primer lugar, y de manera un tanto inconsecuente, inició una distinción entre las etiquetas empleadas, pues al hablarse de seguridad nacional ya no se hacía referencia a la seguridad pública o interior. Aunque su definición resulte difusa al tratar de examinar estos conceptos, su nomenclatura distintiva en diferentes situaciones refleja que, al menos desde un punto de vista lingüístico, obedecen a tres diferentes fenómenos. En segundo lugar, se creó la Consejería de Seguridad Nacional,[30] lo cual tampoco resulta un elemento esencial debido a que existían antecedentes inmediatos para este órgano en los sexenios de los presidentes Salinas y Zedillo.[31] En tercer lugar, y con mayor relevancia, se dio la expedición de la nueva Ley Federal de Transparencia y Acceso a la Información Pública Gubernamental, en la cual se especificó en su artículo 13, fracción I, la posibilidad de reservar como clasificada cualquier información que pudiera comprometer la seguridad nacional, pública o la defensa nacional.[32] En su artículo 3, fracción XII, se definió a la seguridad nacional como:

> *"Acciones destinadas a proteger la integridad, estabilidad y permanencia del Estado Mexicano, la gobernabilidad democrática, la defensa exterior y la seguridad interior de la Federación, orientadas al bienestar general de la sociedad que permitan el cumplimiento de los fines del Estado constitucional".*

Aunque las reformas constitucionales y la nueva Ley de Transparencia aludían a una posición preventiva sobre la seguridad nacional, también anunciaron —aunque no desarrollaron— un carácter confrontativo. Así, los esfuerzos encaminados se enfocaron, hasta este punto, en cuestiones de inteligencia. De lo que se comprende como

---

30 Acuerdo por el que se establece que habrá un Consejero Presidencial de Seguridad Nacional, publicado en el Diario Oficial de la Federación el 8 de enero de 2001.

31 Acuerdo por el que se crea el Gabinete de Seguridad Nacional, publicado en el Diario Oficial de la Federación el 9 de abril de 2003.

32 Ley Federal de Transparencia y Acceso a la Información Pública Gubernamental, publicada en el Diario Oficial de la Federación el 11 de junio de 2002. Sustituida por la Ley General de Transparencia y Acceso a la Información Pública, publicada en el Diario Oficial de la Federación el 4 de mayo de 2015.

la obtención de información para la identificación de fenómenos y persecución de delitos puntuales. La responsabilidad de las primeras dos acciones fue asignada al presidente de la República. Un ejemplo de ello puede observarse en la situación que vivió el presidente Zedillo referente a los levantamientos armados del Ejército Zapatista de Liberación Nacional (EZLN), presentados en el mismo año de su elección.[33] Sin embargo, con la Ley de Seguridad Nacional expedida en 2005,[34] se planteó la posibilidad —si bien, de manera discreta— de que mediante ese concepto se llegara a confrontar a grupos armados y delincuenciales, además de prever —o como un medio para alcanzar— un ambiente de soberanía e integridad nacional. Esto se observa así en el reconocimiento de la lucha contra la delincuencia organizada como un factor crucial en la estabilidad del país, entendiendo como una amenaza a la propia seguridad nacional cualquier acto que pueda obstaculizar dicho conflicto.

En 2006 se dio un paso más al publicarse la reforma al artículo 30 de la Ley Orgánica de la Administración Pública Federal.[35] En lo que concierne a la Secretaría de Marina-Armada de México, se le confirieron atribuciones para actuar a nombre de la seguridad nacional respecto a proyectos de obras públicas relacionados con ingeniería portuaria-marítima en vías generales de comunicación por agua. Aunque esto no significó una militarización de la seguridad nacional, se pasó de una posición en donde la acción le correspondía al Ejecutivo Federal mediante las acciones del CISEN y del gabinete especializado, para incluir directamente a la Secretaría de Marina en la supervisión de obras de carácter civil. Esto, nuevamente, representó un intento discreto para integrar a las fuerzas armadas en las decisiones tomadas para la preservación de dicha seguridad. Por otra parte, en ese mismo año de 2006 se publicó el Reglamento para la Coordi-

---

33 Sandoval Palacios, J. M., Militarización, seguridad nacional y seguridad pública en México, *Espiral*, vol. VI, núm. 18, mayo-agosto 2000, pp. 183-222. Disponible en: Vista de MILITARIZACIÓN, SEGURIDAD NACIONAL Y SEGURIDAD PÚBLICA EN MÉXICO. (udg.mx).

34 "Ley de Seguridad Nacional", publicada en el Diario Oficial de la Federación el 31 de enero de 2005.

35 Decreto por el que se reforma y adiciona el artículo 30 de la Ley Orgánica de la Administración Pública Federal, publicado en el Diario Oficial de la Federación el 4 de mayo de 2006.

nación de Acciones Ejecutivas en Materia de Seguridad Nacional,[36] aunque restringió de manera casi exclusiva al Poder Ejecutivo.

D) ETAPA MILITARISTA

En el año de 2007 se precisó por primera vez la naturaleza de la seguridad nacional como parte de la lucha contra grupos armados de carácter delincuencial. Con la creación del Cuerpo de Fuerzas de Apoyo Federal,[37] el presidente Calderón justificó, bajo el ambiguo concepto de seguridad nacional, la realización de operaciones de alto impacto contra la delincuencia organizada mediante la movilización del ejército.[38] Ello dio lugar a operaciones conjuntas entre las secretarias de Seguridad Pública, de Defensa y de Marina para la detección de sustancias ilícitas, armas de fuego, automóviles robados, etcétera; así como también para ejecutar órdenes de aprehensión, patrullajes y vigilancia en los puntos de acceso a diversos municipios.

Por este tipo de acciones, en la narrativa nacional se percibe a este sexenio como aquel en donde inició la militarización de México.[39] Efectivamente, se dio un incremento en la cantidad de operaciones militares, siendo que durante los primeros cinco años de la gestión del presidente Calderón, la Armada de México realizó 57,005 operativos en contra del narcotráfico, mientras que en el gobierno de Fox se registraron 15,174 operativos y en el gobierno de Zedillo se reportaron 14,670.[40] A pesar de esto, en el país ya había muy amplios

36 Reglamento para la Coordinación de Acciones Ejecutivas en Materia de Seguridad Nacional, publicado en el Diario Oficial de la Federación el 29 de noviembre de 2006.

37 Decreto por el que se crea el Cuerpo Especial del Ejército y Fuerza Aérea denominado Cuerpo de Fuerzas de Apoyo Federal, publicado en el Diario Oficial de la Federación el 9 de mayo de 2007.

38 Algunos autores estiman que esto se debió al requerimiento de distintos gobernadores. Chabat, J., La respuesta del gobierno de Felipe Calderón al desafío del narcotráfico: entro lo malo y lo peor, Los grandes problemas do México, XV, Seguridad nacional y seguridad interior, pp. 29-30.

39 Zarate Flores, A. Parte de guerra: Los desafíos, Historia de los ejércitos mexicanos, pp. 591 y ss.

40 Rivera Cabrieles, L. Capítulo 10, Retos y Dilemas en los Gobiernos de Ernesto Zedillo, Vicente Fox y Felipe Calderón. El Papel de la Armada Contemporánea

antecedentes en la materia tal como se ha venido exponiendo en este escrito.[41]

El entonces Presidente no realizó una declaratoria para la seguridad interior —como tampoco lo han hecho sus sucesores— a pesar de estar facultado para hacerlo conforme a lo dispuesto en la fracción VI del artículo 89 constitucional. Por el contrario, cada una de las acciones tomadas se justificó bajo la cortina de la seguridad nacional. Esta representación de la problemática deja entrever la secuencia reflexiva utilizada: si los daños que ejerce el crimen organizado afectan a la seguridad nacional, ¿qué órgano o institución puede responder y garantizar un combate eficaz contra estos ilícitos? La respuesta apuntó a las Fuerzas Armadas. De esta manera es como dejó de ser un problema de seguridad pública.

Por si quedaba alguna duda sobre esta conversión, en el Programa para la Seguridad Nacional 2009-2012 se señaló: "[l]a delincuencia organizada plantea desafíos que actualmente no se restringen sólo al ámbito de la seguridad pública, dado que algunos de ellos tienen implicaciones para la Seguridad Nacional en tanto pueden vulnerar la soberanía y el orden constitucional".[42]

Más allá de una condición retórica, el presidente Peña Nieto no ejerció ningún tipo de cambio significativo sobre el curso de acción iniciado por el presidente Calderón. En el Plan Nacional de Desarrollo 2013-2018,[43] se volvió a enfatizar la idea de incrementar las operaciones y recursos militares como única respuesta viable para combatir los problemas definidos como amenazas a la seguridad nacional. Por mencionar algunos ejemplos, se habló de fortalecer los sistemas de inteligencia naval y militar para su posterior integración a la Administración Pública Federal, y se apuntó la necesidad por unificar los procedimientos de inteligencia utilizados por la Administración

---

1994-2011, Historia General de la Secretaría de Marina Armada de México, t. 2, México, Secretaría de Marina, 2012, p. 528.

41 Cossío Díaz, J. R. Los futuros de la militarización en México, México, El Colegio Nacional, 2024.

42 Programa para la Seguridad Nacional 2009-2012, publicado en el Diario Oficial de la Federación el 20 de agosto de 2009.

43 Plan Nacional de Desarrollo 2013-2018, publicado en el Diario Oficial de la Federación el 20 de mayo de 2013.

Pública Federal y las Fuerzas Armadas. Esta narrativa se trasladó directamente en la intervención excesiva del Ejército y la Armada en la procuración de la seguridad pública, ya que se intensificó aquello iniciado en el sexenio anterior. Así por ejemplo, la Secretaría de Marina expresó que durante el periodo de 2012 a 2018, ejecutó 114,189 operativos en contra del narcotráfico,[44] lo cual representó casi el doble de aquellos llevados a cabo durante el mandato de Felipe Calderón.[45]

Aunado a los constantes operativos militares, en 2018 se dio un nuevo pronunciamiento judicial respecto a la intervención de las Fuerzas Armadas con motivo de la acción de inconstitucionalidad 6/2018, promovida por un conjunto de legisladores, organismos civiles y gubernamentales para impugnar la Ley de Seguridad Interior publicada en el Diario Oficial de la Federación el 21 de diciembre de 2017. Este texto normativo obedecía a la facultad del Congreso de la Unión para legislar en materia de seguridad nacional conforme a lo dispuesto en el artículo 73 constitucional, fracción XXIX-M. En la Ley emitida y luego impugnada se estableció que al ser la seguridad interior uno de sus componentes, las Fuerzas Armadas podían identificar, prevenir, atender, reducir y contener cualquier amenaza a la seguridad interior del país. Las amenazas, a su vez, fueron entendidas como todo tipo de afectación a lo dispuesto en el artículo 3 constitucional; las amenazas contenidas en el artículo 5 de la Ley de Seguridad Nacional; los desastres naturales; las emergencias de salubridad, o las interferencias en la coordinación de entidades federativas y municipios en materia de seguridad nacional. La mayoría de los integrantes de la Suprema Corte determinaron la inconstitucionalidad de la Ley de Seguridad Interior debido a que el texto convertía en concurrentes las competencias que pertenecían a la Federación y a las fuerzas de seguridad pública. Sin embargo, y en concordancia con la sentencia de la acción de inconstitucionalidad 1/96 ya antes referida, el Pleno especificó que la actuación de las fuerzas armadas

---

44 Secretaría de Marina, *Informe de Rendición de Cuentas de Conclusión de la Administración 2012-2018*, 29 de octubre de 2018, p. 27. Disponible en: Informe_Rendicion_Cuentas_SEMAR_2012_2018.pdf (www.gob.mx).

45 Rivera Cabrieles, L. *Op. Cit.*

estaría permitida en situaciones excepcionales, siempre y cuando fuera.[46]

> *a) Extraordinaria, de manera que toda intervención resulte excepcional, temporal y restringida a lo estrictamente necesario en las circunstancias del caso;*
>
> *b) Subordinada y complementaria a las labores de los cuerpos de seguridad civiles;*
>
> *c) Regulada, mediante mecanismos legales y protocolos sobre el uso de la fuerza, bajo los principios de excepcionalidad, proporcionalidad y absoluta necesidad, y*
>
> *d) Fiscalizada, por órganos civiles competentes e independientes.*

Esta sentencia es una muestra del tipo de deferencia judicial en el control de constitucionalidad ejercido con respecto de las fuerzas armadas en los años por venir.

Al iniciar el sexenio del Presidente López Obrador, la población mexicana atestiguó un momento de duda y, suponemos, de esperanza. Al tomar posesión del cargo y durante el comienzo de su mandato, pareció que no continuaría con el avance que sus antecesores llevaron a cabo en la militarización del país y en la ampliación del concepto y uso de la seguridad nacional. En el Plan Nacional de Paz y Seguridad 2018/2024,[47] se determinó que, en parte, los problemas delictivos del país tenían su fundamento en diversos aspectos relacionados con la inseguridad social, la pobreza y la falta de acceso a la salud y a la educación, entre otros. Si además de estas declaraciones válidas consideramos que López Obrador no llevó a cabo una declaración de emergencia sobre la seguridad interior en términos del artículo 89 constitucional, pudo haber surgido la esperanza de que el Presidente retiraría a las fuerzas armadas de las operaciones contra la delincuencia, incrementaría la presencia de las de seguridad pública y acotaría el uso del concepto de seguridad nacional.

Tales esperanzas pronto fueron abandonadas. Pronto asistimos al incremento de su ámbito competencial por la vía de amplias reformas a la Constitución y a las leyes. Con ello finalizó la tergiversación

---

46 Suprema Corte de Justicia de la Nación, Acción de Inconstitucionalidad 6/2018, 15 de noviembre de 2018, disponible en: https://www2.scjn.gob.mx/ConsultasTematica/Detalle/229953

47 López Obrador, A. M. Plan Nacional de Paz y Seguridad 2018/2024. Transición México 2018/2024. Disponible en: PLAN-DE-PAZ-Y-SEGURIDAD_ANEXO.pdf (lopezobrador.org.mx).

de la seguridad nacional, mezclándose con ella lo que concierne a la seguridad pública y englobando tareas civiles de distinto calibre, como la construcción de aeropuertos o vías de ferrocarril, por ejemplo.

Hay una acción que resalta de entre las muchas que se tomaron para contribuir a la permisividad de las acciones de las fuerzas armadas bajo la bandera de la seguridad nacional. En el Diario Oficial de la Federación del 26 de marzo de 2019, se creó la llamada "nueva Guardia Nacional".[48] Este cuerpo de seguridad pública se definió como una institución policial de carácter civil y, dentro de sus competencias, se incluyó la coordinación y colaboración con entidades federativas, municipios y el Ejecutivo Federal. Sin embargo, en el artículo segundo transitorio del decreto se dispuso que tal Guardia Nacional se compone, en realidad, con elementos de la Policía Federal, Militar y Naval, según lo determine el presidente de la República. Asimismo se dispuso que el titular del Ejecutivo "designará al titular del órgano de mando superior y a los integrantes de la instancia de coordinación operativa interinstitucional formada por representantes de las secretarías del ramo de seguridad, de la Defensa Nacional y de Marina".

Mediante el correspondiente artículo transitorio se fundamentó un acuerdo con el cual se permitía la intervención de las fuerzas armadas en cuestiones de seguridad pública "de manera extraordinaria, regulada, fiscalizada, subordinada y complementaria",[49] para sustituir a la Guardia Nacional en lo que ésta formalizaba su estructura, capacidades e implantación territorial. Posteriormente, se dieron distintas reformas o leyes que buscaron ampliar de manera similar las facultades de las fuerzas armadas, entre las que se puede encontrar las reformas a la Ley Orgánica de las Administración Pública Federal, la

---

[48] Decreto por el que se reforman, adicionan y derogan diversas disposiciones de la Constitución Política de los Estados Unidos Mexicanos, en materia de Guardia Nacional, publicado en el Diario Oficial de la Federación el 26 de marzo de 2019.

[49] Acuerdo por el que se dispone de la Fuerza Armada permanente para llevar a cabo tareas de seguridad pública de manera extraordinaria, regulada, fiscalizada, subordinada y complementaria, publicado en el Diario Oficial de la Federación el 11 de mayo de 2020.

Ley de Navegación y Comercio Marítimos y la Ley de Puertos,[50] mediante las cuales se facultó a la Marina para regular tareas de comercio portuario, como conceder licencias y autorizaciones al personal técnico de la marina mercante. Está también la reforma al artículo 29 de la Ley Orgánica de las Administración Pública Federal, en donde quedó estipulado que la Fuerza Área, el Ejército y la Secretaría de Defensa Nacional estarían obligadas a prestar los servicios civiles que les sean solicitados por el presidente de la República.[51]

E) ETAPA FUTURA

El uso intensivo de los distintos cuerpos militares en operaciones meramente civiles ha dado lugar a una gran confusión y discrecionalidad. Es entendible y, hasta cierto punto, esperado que, frente a un enemigo que pretende destruir una colectividad y ciertos valores sociales que la mantienen, las fuerzas armadas se guíen de acuerdo con un régimen particular en la realización de sus acciones militares ajenos a los elemento civiles y penales. De la misma forma, nadie cuestionaría que el Ejército o la Armada obtenga suministros por parte de los particulares cuando su función es defenderlos y, más aún, que lo hagan en secrecía. Pero cuando un Estado no se encuentra en tiempos de guerra y a sus fuerzas armadas, con el pretexto de la seguridad nacional, se les encomienda la realización de ejercicios que, en principio, les competen a otros órganos, su ejecución puede adquirir una condición excepcional y sumamente riesgosa. Se dirá que estas no pueden y no deben ser transparentes porque están siendo realizadas por las fuerzas armadas. La naturaleza de las operaciones no estaría determinada por estas mismas, sino por el sujeto que las efectúa.

---

[50] Decreto por el que se reforman, adicionan y derogan diversas disposiciones de la Ley Orgánica de la Administración Pública Federal, de la Ley de Navegación y Comercio Marítimos y de la Ley de Puertos, publicado en el Diario Oficial de la Federación el 7 de diciembre de 2020.

[51] Decreto por el que se adiciona una fracción XX al artículo 29 de la Ley Orgánica de la Administración Pública Federal, publicado en el Diario Oficial de la Federación el 11 de enero de 2021.

Además de los daños que en sí mismos se causa a las Fuerzas Armadas y a la población por permitir su actuación bajo el amplio espectro de la seguridad nacional, hay un aspecto adicional de gran importancia. El uso intensivo del concepto distorsiona, a su vez, la racionalidad de la totalidad de la Administración Pública. Si el titular del Ejecutivo desea que las especificaciones una operación no sean públicas, basta con asignársela a aquel sujeto cuyas acciones no pueden ser conocidas. Se podría conceder la excepcionalidad a un sinfín de tareas siempre y cuando el sujeto que las realice esté ligado con la protección de la seguridad nacional. Esta puerta, como ya se mencionó, podría seguir ampliándose, siendo factible que lleguemos al punto en donde esta noción empiece a englobar no solo cualquier clase de operaciones, sino también conceptos, situaciones, funcionarios, etcétera. La seguridad nacional se constituiría en una categoría ómnibus —por llamarle de alguna manera— que justifique una discrecionalidad insólita.

Al revisar los textos normativos más recientes, la amplitud y la intensidad con la que se usa el concepto de seguridad nacional, es evidente que más allá de la inclusión militar, este tema, como se verá en el siguiente capítulo, ya se encuentra implantado en diversos aspectos de nuestra vida civil. Por ejemplo, y como se referirá con detalle en el siguiente capítulo, en la Ley Federal de Telecomunicaciones y Radiodifusión se expresa la necesidad —quizá virtuosa— de mantener redes, rescates y requisas, ya no por interés público, sino por seguridad nacional.[52] En el Código Nacional de Procedimiento Penales se especifica que las audiencias podrán llevarse a puerta cerrada, total o parcialmente, siempre y cuando se considere que la seguridad nacional pueda ser afectada.[53] Una cuestión similar es ob-

---

52 En la Ley Federal de Telecomunicaciones y Radiodifusión, publicada en el Diario Oficial de la Federación el 14 de julio de 2014, la seguridad nacional se encuentra mencionada en 9 artículos: artículo 9, fracción X; artículo 56, segundo párrafo; artículo 98, segundo párrafo; artículo 105, fracción II; artículo 117; artículo 150; artículo 190, fracción XII; artículo 190 Bis, segundo párrafo; artículo 254, fracción II.

53 Artículo 64. Excepciones al principio de publicidad. El debate será público, pero el Órgano jurisdiccional podrá resolver excepcionalmente, aun de oficio, que se desarrolle total o parcialmente a puerta cerrada, cuando:
I. ...

servada en el Código Nacional de Procedimiento Civiles y Familiares, siendo que no se deberán otorgar ciertas medidas precautorias "por razones de seguridad nacional".[54] Lo mismo ocurre en la Ley Federal de Procedimiento Administrativo,[55] la Ley Orgánica de la Administración Pública Federal,[56] el Reglamento Interior de la Secretaría de Seguridad y Protección Ciudadana,[57] entre muchos más casos.

Reiterando lo ya dicho, la amplitud con la que se aplica el concepto de seguridad nacional ha permitido modelarla de tal forma que empieza a acomodarse entre todas las fisuras o intersticios existentes de los espacios públicos y de los discursos jurídicos y de control jurisdiccional. Acciones antes permitidas a los particulares ahora ya no lo serán por razones de seguridad nacional. Las facultades del Estado controladas con anterioridad ahora estarán exentas porque se garantizará con ellas —bajo cualquier justificación imaginable— la protección de todos los ciudadanos. A pesar de que la excepción dada por la seguridad nacional fue concebida —si bien, no exclusivamen-

---

II. La seguridad pública o la seguridad nacional puedan verse gravemente afectadas;

54 Artículo 888. Las medidas precautorias previstas en el artículo anterior podrán decretarse siempre que con las mismas no se causen más daños que los que se causarían con los actos, hechos u omisiones objeto de la medida.
Si con el otorgamiento de la medida se pudiera ocasionar daño a la persona demandada, ésta podrá otorgar garantía suficiente para reparar los daños que pudieran causarse a la colectividad, salvo aquellos casos en los que se trate de una amenaza inminente e irreparable al interés social, a la vida o a la salud de los miembros de la colectividad o por razones de seguridad nacional.

55 Artículo 33. Los interesados en un procedimiento administrativo tendrán derecho de conocer, en cualquier momento, el estado de su tramitación, recabando la oportuna información en las oficinas correspondientes, salvo cuando contengan información sobre la defensa y seguridad nacional, sean relativos a materias protegidas por el secreto comercial o industrial, en los que el interesado no sea titular o causahabiente, o se trate de asuntos en que exista disposición legal que lo prohíba.

56 En la Ley Orgánica de la Administración Pública Federal, la seguridad nacional se encuentra mencionada 11 veces en 3 artículos: artículo 29, fracción VIII-Ter; artículo 30, fracciones XV y XX; artículo 30 Bis, fracciones XIV, XVIII, XIX y XXI.

57 El Reglamento Interior de la Secretaría de Seguridad y Protección Ciudadana contiene 8 menciones a la seguridad nacional, ya sea como concepto, ley o instituciones: artículo 6, fracciones VIII, XVIII, XXV y XXXIII; artículo 39; artículo 56, fracción XIV; artículo 64.

te— para las fuerzas armadas, su extensión podría invadir muchos otros ámbitos de la administración, culminando en la pérdida de un control ciudadano, administrativo y jurisdiccional. Los controles democráticos disponibles mediante los cuales se podría alcanzar una regularización de este creciente fenómeno reflejan una aplicación inestable y, por lo tanto, nada prometedora.

El primero de estos controles correspondería a la impugnación de nuevas leyes. Si un texto normativo hace un uso del concepto de seguridad nacional que se corresponda con alguna idea constitucional, se podrá impugnar. Sin embargo, esto implicaría la necesidad de formular un control abstracto, no individualizado, de este concepto, y plantear, desde la Suprema Corte, un modelo general utilizable para todo tipo de situaciones resultaría increíblemente complejo. Apelar la impugnación de una ley por la asociación que se establecen entre las requisas y la seguridad nacional invoca una discusión ajena a aquella necesaria para evaluar su relación con el otorgamiento de medidas precautorias por señalar un ejemplo.

El segundo posible control se encuentra en la movilización de controversias respecto de las decisiones tomadas en torno a la seguridad nacional. Esto se podría hacer mediante los recursos ordinarios o el juicio de amparo, por ejemplo. Sin embargo, el mismo concepto de seguridad nacional podría ser utilizado para impedir el uso de los medios procesales que se deseen utilizar para impugnarlas. Aunque esto no representa una acción absoluta, sí podría iniciar una tendencia en tanto el concepto de seguridad nacional se siga usando como donador de condiciones de excepcionalidad. Como puede advertirse, esto terminará siendo un discurso circular.

El concepto de seguridad nacional podría considerarse como uno de los más delicados en la retórica actual. Su condición dadora de excepcionalidades crea espacios alejados del control democrático o político. El primero por elecciones; el segundo, por órganos políticos; el tercero, por órganos administrativos; después, por órganos jurisdiccionales y, finalmente, por órganos judiciales. Todos estos han llegado a representar elementos de deriva. El futuro tampoco se vislumbra promisorio. En México y en muchos países, se observan situaciones de polarización nacional, además de que la delincuencia organizada ocupa cada vez más espacios.

Uno de los grandes retos del tiempo actual recae, entonces, en encontrar la manera en que el Estado pueda tomar acciones para enfrentar las problemáticas que le atañen y, a la vez, someterse a controles de toda naturaleza. De no encontrar un camino factible, la deriva continuará hasta que la seguridad nacional pierda toda clase de sentido en sus funciones y controles, reduciendo de sobremanera los espacios individuales, colectivos y sociales.

Estos retos habrán de verse incrementados por dos amenazas presentes al momento en que este libro está siendo concluido. En primer lugar, por el intento de desaparecer al Instituto Nacional de Acceso a la Información, con lo cual se perderá al órgano competente para garantizar a nivel nacional la transparencia de la información —y con ello de los actos— tomados por las autoridades pretextando el carácter de seguridad nacional.

Por otra parte, ello se dará con motivo de la modificación de la propuesta de reforma al artículo 129 constitucional planteada por el Presidente López Obrador. En caso de actualizarse, lo que se producirá en caso de que sea aprobada será la posibilidad de que en tiempos de paz los integrantes de las Fuerzas Armadas ya no sólo puedan realizar funciones que guarden "estricta conexión con la disciplina militar", sino todo aquello que el legislador federal estime que deben llevar a cabo. Lo anterior habrá de seguir produciendo —porque el proceso lleva ya varios años en marcha— que todo aquello que se considere que deben realizar tales miembros sea tenido como propio de seguridad nacional, pues todo lo que ellos hacen tiene, finalmente, tal carácter.

III. PODER LEGISLATIVO

A) CONSTITUCIONALIZACIÓN DE LA SEGURIDAD NACIONAL

Como fue referido en el capítulo precedente, con la reforma a la Constitución del 5 de abril de 2004,[58] el entendimiento y control de la seguridad nacional vivió en nuestro país un cambio sustancial. La finalidad de esta modificación constitucional fue establecer mecanismos de coordinación, colaboración y sobre todo control democrático a la seguridad nacional. El contexto internacional en este caso es fundamental para comprender la voluntad del legislador constitucional. Poco tiempo atrás sucedió el ataque terrorista del 11 de septiembre de 2001 en Estados Unidos, con lo que el modelo de seguridad interna y exterior del mundo cambió radicalmente, modificando aspectos relevantes de la vida cotidiana de las personas y la manera en que el Estado gestionaba su seguridad.

Más allá de los cambios en materia de seguridad fronteriza, aviación, migración y otros, como consecuencia de los infortunados eventos, en nuestro país se constitucionalizó por primera vez en su historia el concepto de seguridad nacional. El proceso de reforma se integró con tres iniciativas presentadas ante la Cámara de Diputados.[59] Sin duda el marco referencial de éstas fue el ataque terrorista y la necesidad de abordar el concepto desde dos perspectivas. En primer lugar, establecer los presupuestos normativos mínimos de ac-

---

58 Constitución Política de los Estados Unidos Mexicanos, reforma publicada en el Diario Oficial de la Federación el día 5 de abril de 2004, disponible en: https://www.dof.gob.mx/nota_detalle.php?codigo=671718&fecha=05/04/2004#gsc.tab=0 (fecha de consulta: 15 de marzo de 2024).

59 Iniciativa presentada el 25 de abril de 2001 por el Diputado Alberto Amador Leal, iniciativa presentada por el diputado Omar Fayad Meneses, el 8 de noviembre de 2001 e iniciativa presentada por el diputado Cesar Augusto Santiago Ramírez, el 29 de noviembre de 2001, cuyo texto, así como el resto de los documentos que integran el proceso de aprobación de la reforma constitucional en cuestión, se encuentran disponibles en: https://legislacion.scjn.gob.mx/Buscador/Paginas/wfProcesoLegislativo.aspx?q=b/EcoMjefuFeB6DOaNOimNPZPsNLFqe0s7fey1FqrieA2uyVwinR+NG0ZPW7U0bU

tuación que permitieran al Estado mexicano hacer frente a alguna amenaza que pusiera en riesgo la seguridad nacional y, en segundo término, dada la flexibilidad e indeterminación del concepto, se dispuso un mecanismo de control y contrapeso por parte del poder legislativo hacia el poder ejecutivo.

Bajo dicho supuesto, la positivización del concepto permitiría a las distintas instituciones del Estado actuar bajo un marco normativo que dotara de certeza y seguridad jurídica a los operadores e instancias de seguridad nacional, lo mismo que a los ciudadanos y, sobre todo, permitiría establecer límites claros a las posibles restricciones a los derechos humanos, al amparo de ese concepto maleable e indeterminado. Esto es de enorme importancia, porque si bien las acciones tendientes a la defensa y protección de la integridad del Estado mexicano, la tipificación de delitos como el de terrorismo, sedición u otros, y las previsiones normativas para la prevención en contra de la delincuencia organizada ya existían y eran conducidas por diversas instituciones públicas,[60] su constitucionalización permitió establecer parámetros de límite, control y coordinación institucional claros y precisos. Destaca el dictamen de la Cámara de Diputados como cámara de origen, en el que se precisó que

> (...) el resultado del análisis de las iniciativas fue contundente en cuanto a la previsión de dos elementos fundamentales en la materia, el primero consistente en facultar claramente al Estado para poder hacer frente a las amenazas y riesgos a su seguridad y, el segundo, definir los controles y requisitos necesarios a las actividades de seguridad nacional para proteger los derechos humanos y las garantías individuales.
>
> No puede existir una reforma que sólo faculte a las autoridades, es un requisito indispensable prever la protección de los derechos de las

[60] Por ejemplo, por conducto de la Secretaría de Gobernación que en términos del artículo 27, fracción XXIX de la Ley Orgánica de la Administración Pública Federal vigente, tenía la atribución de "establecer y operar un sistema de investigación e información que contribuya a preservar la integridad, estabilidad y permanencia del Estado mexicano y de sus instituciones democráticas". Función actualmente encomendada a la Secretaría de Seguridad y Protección Ciudadana por conducto del Centro Nacional de Inteligencia, en términos de la fracción XVII del artículo 31 bis de la Ley mencionada.

> personas, expresado mediante el establecimiento de límites y requisitos a las investigaciones que se realicen en la materia (...).[61]

Por su parte, el dictamen del Senado de la República como cámara revisora, por cuanto hace al objetivo de incorporar el concepto de seguridad nacional en la Constitución, precisó que

> La minuta propone no solo incorporar la materia de seguridad nacional, también, que las leyes que al respecto se emitan proporcionen los límites y condiciones de las investigaciones especiales que en la materia se lleven a cabo, es decir, procedimientos técnicos tendientes al cuidado y preservación de la seguridad nacional, que pudieran contemplarse en las mismas. Con ello, no se quiere decir, que el contenido de las leyes de seguridad nacional, sean de investigación exclusivamente, con ello estaríamos dando a entender un concepto caduco de la seguridad nacional, toda vez que lo que se busca es proteger en última instancia a los ciudadanos...
>
> (...) que exista un control derivado de un estado de derecho y democrático, es decir, que para el caso de que existan procedimientos de investigación en virtud al desarrollo de la materia, se contemplen en ley, los límites y requisitos necesarios para llevarlos a cabo, en aras también, de que no se violen garantías individuales.[62]

De lo anterior, es fundamental considerar que la voluntad del Poder Revisor de la Constitución, más allá de elevar a rango constitucional el concepto de seguridad nacional, consistió en sentar las bases normativas para establecer límites claros a las actuaciones encamina-

---

61 Dictamen de la Comisión de Puntos Constitucionales de la Cámara de Diputados, con Proyecto de Decreto que adiciona una fracción XXIX-M al Articulo 73 y se reforma la fracción VI del Articulo 89 de la Constitución Política de los Estados Unidos Mexicanos, de fecha 10 de diciembre de 2002, disponible en: https://legislacion.scjn.gob.mx/Buscador/Paginas/wfProcesoLegislativoCompleto.aspx?q=b/EcoMjefuFeB6DOaNOimNPZPsNLFqe0s7fey1FqrifAlHPnW1wUaDh2i3nplZJDf5x5b5DWD9fLDyY17YEhrQ==

62 Dictamen de las Comisiones Unidas de Puntos Constitucionales; y de Estudios Legislativos, Primera, el que contiene proyecto de decreto mediante el cual se adiciona una fracción XXIX-M al artículo 73 y se reforma la fracción VI del artículo 89 de la Constitución Política de los Estados Unidos Mexicanos, de fecha 29 de abril de 2023, disponible en: https://legislacion.scjn.gob.mx/Buscador/Paginas/wfProcesoLegislativoCompleto.aspx?q=b/EcoMjefuFeB6DOaNOimNPZPsNLFqe0s7fey1FqrifAlHPnW1wUaDh2i3nplZJDtKKVRcaYOx8FXQvsvzAKug== (consultado el 16 de marzo de 2024).

das a preservar la seguridad nacional por parte del Presidente de la República. Para ello, se modificaron dos artículos con la finalidad de atribuir al Congreso de la Unión la facultad de legislar en la materia, y por el otro lado, se atribuyó al Presidente con la facultad de preservarla, en los términos de la Ley correspondiente, bajo el principio de reserva de Ley. Esto es de enorme importancia ya que materializa en sede constitucional, la coordinación y el contrapeso institucional de la seguridad nacional. El decreto en cuestión modificó los artículos 73 y 89, en los siguientes términos

> Artículo 73.– El Congreso tiene facultad:
> (...)
> XXIX-M.– Para expedir leyes en materia de seguridad nacional, estableciendo los requisitos y límites a las investigaciones correspondientes;
> (...)
>
> Artículo 89.– Las facultades y obligaciones del Presidente, son las siguientes:
> (...)
> VI. Preservar la seguridad nacional, en los términos de la ley respectiva, y disponer de la totalidad de la Fuerza Armada permanente o sea del Ejército, de la Armada y de la Fuerza Aérea para la seguridad interior y defensa exterior de la Federación.
> (...)

Con esta reforma, por primera vez en la historia constitucional de México, se incorporó en el texto de la Constitución el concepto de seguridad nacional. Como se ha visto ya, esto no significa que los valores y fines que tutela la seguridad nacional no hayan sido protegidos antes de 2004, en tanto que su esencia radica en la preservación del Estado y sus instituciones. No obstante, esta reforma constitucionalizó el concepto y, por lo tanto, al materializarse normativamente, se le dotó de eficacia jurídica.[63]

---

63 El resto de las referencias que se hacen en la Constitución a la seguridad nacional, se establecen como excepción al ejercicio del derecho de acceso a la información y como excepción al principio de inatacabilidad de las resoluciones del INAI, al habilitar a la Consejería Jurídica a primer el recurso extraordinario ante la Suprema Corte de Justicia de la Nación (artículo 6); como excepción al ejercicio del derecho a la privacidad (artículo 16); como fundamento y parámetro para la tipificación de delitos que justifiquen la prisión preventiva oficiosa

Para comprender el esquema previsto en la Constitución en materia de seguridad nacional, es relevante hacer notar que la expresión verbal de la facultad otorgada al Presidente de la República es "preservar". Esto significa proteger o resguardar algo o de alguien. Esta competencia se ejerce por parte del titular del Poder Ejecutivo Federal con relación a un valor y premisas normativas dadas por el Congreso de la Unión, al ejercer su facultad legislativa. Esto quiere decir, que es un concepto indisponible para el Presidente de la República. Dicho de otra forma, el avance de esta reforma en código democrático fue establecer que únicamente la asamblea deliberante y con representación popular, tendría la facultad de precisar qué si es y qué no es seguridad nacional y el Presidente, en consecuencia, habrá de preservarla en los términos precisados por la norma. Esto, sobre todo, cuando se trate de restricciones al ejercicio de derechos humanos en los que se utilice como justificación la seguridad nacional. Lo anterior, tal y como refirió el Tribunal Pleno de la Suprema Corte de Justicia de la Nación en la resolución al recurso de revisión en materia de seguridad nacional 27/2021, en el que dispuso

> En la medida en que el texto constitucional sólo enuncia los fines constitucionalmente válidos para restringir el derecho de acceso a la información, corresponde al legislador, según la determinación del propio constituyente, el desarrollo de los supuestos específicos en que procedan excepciones tendientes a proteger tales fines.[64]

(artículo 19); como excepción a la publicidad de las audiencias públicas, respecto a los derechos de toda persona imputada (artículo 20, inciso B); como materia excluida de las consultas populares (artículo 35, fracción VIII); y, en el artículo segundo transitorio del decreto de reformas de 18 de noviembre de 2022 que, de manera por demás interesante, se precisa que la seguridad nacional no podrá utilizarse como razón para exceptuar la transparencia y fiscalización al "fondo permanente destinado de apoyo a las entidades federativas y municipios destinado al fortalecimiento a las instituciones de seguridad pública", decreto por el que se reforma el artículo quinto transitorio del diverso decreto de 26 de marzo de 2019, por el que se amplía el plazo en el que el Presidente podrá disponer de las Fuerzas Armadas Permanentes en tareas de Seguridad Pública.

64 Suprema Corte de Justicia de la Nación, Recurso de Revisión en Materia de Seguridad Nacional 27/2021, 6 de febrero de 2024, disponible en: https://www2.scjn.gob.mx/ConsultasTematica/Detalle/290812

Por su parte, la facultad legislativa no solo se corporeiza en la expedición de una norma en materia de seguridad nacional, sino que mandata que en ella, cuando menos, se deben establecer requisitos y límites a las investigaciones correspondientes. De esto, se desprende de forma preliminar que una de las funciones de mayor relevancia para "preservar" la seguridad nacional por parte del Poder Ejecutivo se desarrollará a partir de la conducción de investigaciones que tengan como propósito mitigar, reducir o eliminar riesgos y peligros a la propia seguridad nacional.

Es igualmente destacable referir que se trata de una facultad establecida en plural. Es decir, se habilita al Congreso de la Unión para expedir "leyes" en materia de seguridad nacional y no únicamente una legislación especializada. Si bien podría parecer redundante, esto significa que la facultad del órgano legislativo se amplía y hace expansiva, ya que le permite instrumentalizar normativamente el concepto de seguridad nacional a ámbitos que considere que pudieran tener incidencia en su preservación. Esto es muy relevante desde la perspectiva de la disponibilidad del concepto, porque no se restringe a una definición normativa y a la precisión de atribuciones y facultades, sino que autoriza al Poder Legislativo a hacer de este concepto dinámico y elástico, un eje de actuación de las autoridades e instancias involucradas, al tiempo que reviste de legalidad su actuación y, en su caso, posibilita un examen de contraste cuando la seguridad nacional es utilizada como justificación para la restricción de un derecho humano. Lo anterior, tal y como refirió el Tribunal Pleno de la Suprema Corte de Justicia de la Nación en la resolución de la acción de inconstitucionalidad 6/2018 y sus acumuladas, en la que dispuso

> Esta facultad legislativa puede no agotarse en una sola ley, sino que puede desarrollarse en leyes diversas, por el plural "leyes" de la referida fracción XXIX-M, constitucional que lo faculta para legislar en materia de seguridad nacional. Esta Suprema Corte es deferente respecto del uso de competencias propias que hacen los demás poderes de la Unión. Se entiende que el Congreso puede interpretar *prima facie* el alcance de sus competencias constitucionales para efectos de legislar en atención a las necesidades de la Nación.[65]

65 Suprema Corte de Justicia de la Nación, Acción de Inconstitucionalidad 6/2018, 15 de noviembre de 2018, disponible en: https://www2.scjn.gob.mx/Consultas-

Esta facultad se materializó en primera instancia por medio de la expedición de la Ley de Seguridad Nacional, publicada en el Diario Oficial de la Federación el 31 de enero de 2005. De esta Ley, es preciso destacar dos aspectos fundamentales. Por un lado, lo que se podría considerar los elementos constitutivos o sustantivos de la seguridad nacional y, por el otro, las instancias y mecanismos de articulación y coordinación en la materia.

B) ELEMENTOS SUSTANTIVOS DE LA SEGURIDAD NACIONAL

En términos de lo dispuesto por los "Principios globales sobre seguridad nacional y el derecho de acceso a la información (Principios de Tshwane)",[66] en particular el principio 2.C., se "considera una buena práctica para la seguridad nacional, cuando la misma es empleada para limitar el derecho a la información, que se defina con precisión en el ordenamiento jurídico de un país de forma consistente con una sociedad democrática".[67] Esto significa que para efectos de brindar certeza y seguridad jurídica, se requiere de una conceptualización clara que permita conocer el objeto, así como las finalidades y objetivos de ese concepto, de tal forma que existan límites y contornos claros para el operador jurídico y predictibilidad para la sociedad.

No obstante lo anterior, consideramos que en nuestro país no existe ninguna disposición normativa en la que se defina de forma concreta el concepto de seguridad nacional. Los intentos de precisión se han encaminado a describir funciones y objetivos, más no una conceptualización objetiva, como se mencionó en el apartado que antecede. En la abrogada Ley Federal de Transparencia y Acceso a la Información Pública Gubernamental, se disponía en su artículo tercero que, por seguridad nacional, se entenderían "acciones destinadas a proteger la integridad, estabilidad y permanencia del Estado

---

Tematica/Detalle/229953

66 *Open Society Foundation. Principios globales sobre seguridad nacional y el derecho de acceso a la información*, 12 de junio de 2013, disponible en: https://www.justiceinitiative.org/publications/global-principles-national-security-and-freedom-information-tshwane-principles/es

67 *Ídem.*

mexicano, la gobernabilidad democrática, la defensa exterior y la seguridad interior de la Federación, orientadas al bienestar general de la sociedad que permitan el cumplimiento de los fines del Estado constitucional". Se trata, en nuestra opinión, de una definición ambigua e imprecisa que no puntualiza un concepto en sí mismo, sino que describe un mandato a realizar.

Por su parte, la Ley de Seguridad Nacional dispone en su artículo 3 que por este concepto se entienden "las acciones destinadas de manera inmediata y directa a mantener la integridad, estabilidad y permanencia del Estado mexicano." En términos generales, coincide con lo establecido en la ley abrogada mencionada. Ahora bien, la norma precisa que la seguridad nacional se compone esencialmente de un hacer y no de un contenido esencial o definición establecida. Se trata de un mandato transitivo en donde la acción verbal encomendada se encuentra indeterminada, y únicamente dispone la finalidad de esas acciones que, en esencia, consisten en la existencia presente y futura del Estado mexicano, en sus componentes tradicionales de población, territorio y gobierno. Dicho artículo detalla a lo largo de seis fracciones, de manera enunciativa y no limitativa, cuáles de esas acciones componen la integridad del Estado; a saber:

1. La protección de la nación mexicana frente a las amenazas y riesgos que enfrente nuestro país;
2. La preservación de la soberanía e independencia nacionales y la defensa del territorio;
3. El mantenimiento del orden constitucional y el fortalecimiento de las instituciones democráticas de gobierno;
4. El mantenimiento de la unidad de las partes integrantes de la Federación señaladas en el artículo 43 de la Constitución Política de los Estados Unidos Mexicanos;
5. La defensa legítima del Estado mexicano respecto de otros estados o sujetos de derecho internacional; y,
6. La preservación de la democracia, fundada en el desarrollo económico, social y político del país y sus habitantes.

De esto es posible advertir que en la Ley de Seguridad Nacional, el legislador estableció elementos esenciales que constituyen, en términos propios del concepto de Estado moderno, sus componentes de existencia, como son la soberanía, independencia, integridad del territorio, forma de gobierno y unidades integrantes que constituyen la unidad política nacional. Estos elementos, junto con sus habitantes —que no destacan como objeto esencial en la preservación de la seguridad nacional—, deben ser protegidos de amenazas o riesgos generados por otros estados o sujetos de derecho internacional. De manera implícita se entendería que las acciones tendentes a la preservación de la seguridad nacional incluyen desde luego riesgos o amenazas internas.

Asimismo, ante la falta de una definición precisa que permitiera delimitar el ámbito de actuación en materia de seguridad nacional, el legislador diseñó un listado de amenazas que pudieran comprometer o poner en riesgo la integridad, estabilidad y permanencia del Estado mexicano. Es tal la importancia de este catálogo para los fines de este ensayo, que se estima pertinente citarlo de manera textual en su totalidad:

> Artículo 5.– Para los efectos de la presente Ley, son amenazas a la Seguridad Nacional:
>
> I. Actos tendentes a consumar espionaje, sabotaje, terrorismo, rebelión, traición a la patria, genocidio, en contra de los Estados Unidos Mexicanos dentro del territorio nacional;
>
> II. Actos de interferencia extranjera en los asuntos nacionales que puedan implicar una afectación al Estado Mexicano;
>
> III. Actos que impidan a las autoridades actuar contra la delincuencia organizada;
>
> IV. Actos tendentes a quebrantar la unidad de las partes integrantes de la Federación, señaladas en el artículo 43 de la Constitución Política de los Estados Unidos Mexicanos;
>
> V. Actos tendentes a obstaculizar o bloquear operaciones militares o navales contra la delincuencia organizada;
>
> VI. Actos en contra de la seguridad de la aviación;
>
> VII. Actos que atenten en contra del personal diplomático;
>
> VIII. Todo acto tendente a consumar el tráfico ilegal de materiales nucleares, de armas químicas, biológicas y convencionales de destrucción masiva;
>
> IX. Actos ilícitos en contra de la navegación marítima;
>
> X. Todo acto de financiamiento de acciones y organizaciones terroristas;
>
> XI. Actos tendentes a obstaculizar o bloquear actividades de inteligencia o contrainteligencia;

> XII. Actos tendentes a destruir o inhabilitar la infraestructura de carácter estratégico o indispensable para la provisión de bienes o servicios públicos.

Más allá de elaborar un comentario en torno a cada uno de estos actos y el bien jurídico que les subyace, se trata de identificar a los supuestos normativos que habría de desentrañar casuísticamente en cada caso en concreto, en función de la conducta en específico que se esté desplegando y respecto de su objetivo primario, que consiste en la preservación de la seguridad nacional. Por tomar un ejemplo, ¿qué se entiende por "actos en contra de la seguridad de la aviación"? En principio, sería prudente concluir que la aviación es una materia de seguridad nacional, siempre que aquello comprometa la integridad, estabilidad o permanencia del Estado mexicano. Suponiendo sin conceder que todo acto en contra de la seguridad de la aviación se encuentre en el marco conceptual de la seguridad nacional, habría entonces que detallar qué actos en concreto son una amenaza. Podríamos pensar que el secuestro por un grupo terrorista de una aeronave sin duda se encuentra dentro del parámetro; lo mismo que el boicot a aeropuertos civiles o militares. Pero habría que considerar, por ejemplo, si la limitación del ejercicio del derecho a la libertad de tránsito y manifestación pacífica por parte de un grupo de la sociedad, que se desarrolle en las inmediaciones de un aeropuerto o instalación estratégica, puede contextualizarse dentro este esquema normativo.

Lo que queremos referir con lo anterior es que, si bien desde el punto de vista de diseño legislativo se podría justificar la indeterminación normativa respecto a las acciones de preservación de seguridad nacional (artículo 3) y a sus amenazas (artículo 5), dada su variabilidad fáctica, esto en sí mismo es motivo suficiente para instrumentar controles definidos respecto a su instrumentalización administrativa. En ese sentido, estimamos que no se trata de una lista cerrada, sino que debe ser analizada en cada caso como si se tratara de cláusulas abiertas, en función de los objetivos que persiguen la seguridad nacional como concepto jurídico indeterminado y como mandato transitivo.

De lo anterior, es preciso tener en cuenta que la lista de amenazas deriva de la facultad otorgada por la Constitución al legislador ordinario para disponer del concepto de seguridad nacional, por lo que el Presidente de la República, en el ejercicio de su función de "preservar" la seguridad nacional, debe invariablemente ajustarse a lo que ha sido establecido en el catálogo referido, en tanto que para éste se trata de un concepto indisponible, es decir, no lo puede ampliar. El problema entonces se traduce en que, si la norma es indeterminada por su esencia y no se trata de un listado cerrado sino indicativo, serán las instancias de seguridad nacional las que definan en cada caso cual es el contenido fáctico de cada amenaza y qué acciones en concreto la actualizan. Por ello es que el sistema de controles es de extrema relevancia, con mayor razón si se trata de restricciones o limitaciones al ejercicio de derechos humanos. Al respecto, la Segunda Sala de la Suprema Corte estableció que

> Como simplemente no es posible establecer a priori todo el universo de supuestos en que resulta pertinente reservar información por razones de orden público o seguridad nacional, sin afectar desproporcionadamente el derecho de acceso a la información, el Congreso de la Unión ha introducido en la legislación de transparencia figuras jurídicas encaminadas precisamente a darle a cada uno de estos principios constitucionales el lugar que les corresponde en una situación específica, es decir, a armonizarlos en los casos concretos".[68]

Ahora bien, el artículo 51 de la Ley de Seguridad Nacional dispone una regla a partir de la cual toda la información relacionada con revelación de normas, procedimientos, métodos, fuentes especificaciones técnicas, tecnología o equipo para la generación de inteligencia, o que pudiera ser utilizada para actualizar una amenaza, será reservada. Bajo dicha óptica, y desde su construcción semántica, pareciera que se trata de una reserva previa y generalizada de la información. Esto podría ser consecuente, a su vez, con lo que establece la fracción XIII del artículo 113 de la Ley General de Transparencia y Acceso a la Información Pública, que prevé como causal de reserva el que así lo disponga de manera expresa una Ley. Es decir, se trataría, en su caso, de una restricción prescriptiva y no descriptiva. Es desta-

---

68 Segunda Sala de la Suprema Corte de Justicia de la Nación, amparo en revisión 105/2021, 24 de noviembre de 2021, disponible en: https://www2.scjn.gob.mx/ConsultasTematica/Detalle/280858

cable referir a lo que dijo la Segunda Sala de la Suprema Corte de Justicia de la Nación, en el amparo en revisión referido:

> (...) sistemáticamente hablando el artículo 51 de la Ley de Seguridad Nacional sólo puede justificar una reserva de información en la medida que especifique cuál es la información cuya publicación compromete la seguridad nacional y, por consiguiente, dote de contenido a esas dos disposiciones de la legislación especializada en materia de transparencia (...) la prueba de daño también representa un requisito ineludible para concluir válidamente que el supuesto de reserva previsto en el artículo 51 de la Ley de Seguridad Nacional se actualiza en un caso concreto.[69]

Es por tanto que, si bien la indeterminación normativa se justifica desde el punto de vista del diseño del legislador, este mismo estableció estándares para la aplicación de dichas premisas normativas, al vincular un examen de ponderación, como la prueba de daño, a la actualización de una reserva. Siendo así, el artículo 51 de la Ley de Seguridad Nacional que prevé escenarios de reserva de información, no es una que pueda ser clasificada como generalizada y anticipada, pues como se refirió, se requiere en todo caso de la elaboración de un examen casuístico de ponderación para acreditar su validez jurídica.

De lo anterior destaca el recurso de revisión en materia de seguridad nacional 18/2021, cuyo objeto consistió en analizar si información relacionada con el tratamiento de vacunas para combatir la pandemia provocada por el SARS-CoV2 (COVID-19). El sujeto obligado y la Consejería Jurídica manifestaron que toda la información relacionada con la Estrategia Nacional de Vacunación se encontraba reservada, toda vez que el Consejo de Seguridad Nacional estableció que la Campaña Nacional de Vacunación sería considerada como un asunto de seguridad nacional.[70] De esto, la Suprema Corte estableció que

---

69 *Ídem.*

70 Referencia obtenida de la resolución dictada en el recurso de revisión en materia de seguridad nacional 18/2021:

"(...)

Por este conducto me permito hacer de su conocimiento que el Consejo de Seguridad Nacional con fecha 24 de diciembre de 2020 estableció a la Campaña Nacional de Vacunación contra el virus SARS-CoV-2 como un ASUNTO ESTRA-

> en ningún caso puede justificarse, a través de un acto omnímodo y general, que una autoridad pueda definir a priori los casos en que se reservará determinada información por motivos de seguridad nacional.
>
> (...)
>
> De esta manera, aun cuando se pretenda utilizar esta categoría para mantener cierta información resguardada, bajo el artículo 6° constitucional, sólo se justificará cuando realmente dicha información cuente con las características necesarias, mas no por la mera referencia en un acuerdo o catálogo cuando así lo pretenda establecer el Estado.[71]

Siendo así, es claro que no es posible para la autoridad realizar reservas generalizadas y anticipadas. Este tema será retomado al analizar la controversia constitucional 217/2021.

Por otro lado, y en abono al desarrollo de la facultad del Poder Legislativo de disponer del concepto de seguridad nacional y, en particular, de precisar qué conductas constituyen una amenaza, es preciso mencionar que mediante el decreto de reformas publicado en el Diario Oficial de la Federación el 8 de noviembre de 2019, se adicionó la fracción XIII al artículo 5 de la Ley de Seguridad Nacional, que disponía

---

TÉGICO DE SEGURIDAD NACIONAL en los términos del artículo 3 fracciones I, II, III y IV de la Ley de Seguridad Nacional.
En consecuencia, las instalaciones donde se efectúe; los efectivos de personal e institucionales que involucre; los procesos operativos que demande para el correcto resguardo y aprovechamiento de sus insumos; los trámites administrativos y jurídicos que implique, así como las determinaciones de Estado que imponga quedan amparados bajo los supuestos que dicha Ley establece.
Me permito hacer constar que dicha decisión fue asentada en el Acta respectiva, correspondiente a la Tercera Sesión Ordinaria, Acta que obra en poder de esta Secretaría Técnica y cuya existencia certifico conforme a lo que la Ley me autoriza, siendo el presente comunicado documento suficiente para acreditar dicha condición ante cualquier autoridad.
Por lo cual solicito a usted de la manera más atenta se sirva a tomar el presente comunicado como documento probatorio suficiente y, en su caso, turnar cualquier petición que su dependencia reciba sobre información que por Ley está reservada, hacía esta Secretaría Técnica que con gusto habrá de responderla a los interesados.
(...)".

71 Suprema Corte de Justicia de la Nación, Recurso de Revisión en Materia de Seguridad Nacional 18/2021, de 5 de septiembre de 2023, disponible en: https://www2.scjn.gob.mx/ConsultasTematica/Resultados/-0-0-102-18-2021

XIII. Actos ilícitos en contra del fisco federal a los que hace referencia el artículo 167 del Código Nacional de Procedimientos Penales.[72]

Esta disposición normativa, que refiere a aquello que dispone en la materia el artículo 167 del Código Nacional de Procedimientos Penales, fue declarada inválida por el Tribunal Pleno de la Suprema Corte de Justicia de la Nación, en la acción de inconstitucionalidad 130/2019 y su acumulada 136/2019, promovida por la Comisión Nacional de Derechos Humanos y por diversos integrantes de la Cámara de Senadores del Congreso de la Unión.[73] De esto, es relevante referir que la facultad de disponer del concepto de seguridad nacional por parte del legislador ordinario debe siempre perseguir un fin constitucionalmente válido, ya que en el caso existió una disonancia entre el bien jurídico tutelado, la pretendida "amenaza" a la seguridad nacional y el objeto de las acciones tendentes a mantener la integridad, estabilidad y permanencia del Estado mexicano. Esto es, los ilícitos a los que hace referencia el Código Nacional de Procedimientos Penales, en consideración del Máximo Tribunal, no ponían

---

72 En torno a las causas de procedencia de la prisión preventiva y el catálogo de delitos que ameritan prisión preventiva oficiosa, para efectos de lo que dispone la fracción XIII del artículo 5 de la Ley de Seguridad Nacional, el artículo 167 del Código Nacional de Procedimientos Penales, precisaba:
Se consideran delitos que ameritan prisión preventiva oficiosa, los previstos en el Código Fiscal de la Federación, de la siguiente manera:
I. Contrabando y su equiparable, de conformidad con lo dispuesto en los artículos 102 y 105, fracciones I y IV, cuando estén a las sanciones previstas en las fracciones II o III, párrafo segundo, del artículo 104, exclusivamente cuando sean calificados;
II. Defraudación fiscal y su equiparable, de conformidad con lo dispuesto en los artículos 108 y 109, cuando el monto de lo defraudado supere 3 veces lo dispuesto en la fracción III del artículo 108 del Código Fiscal de la Federación, exclusivamente cuando sean calificados, y
III. La expedición, venta, enajenación, compra o adquisición de comprobantes fiscales que amparen operaciones inexistentes, falsas o actos jurídicos simulados, de conformidad con lo dispuesto en el artículo 113 Bis del Código Fiscal de la Federación, exclusivamente cuando las cifras, cantidad o valor de los comprobantes fiscales, superen 3 veces lo establecido en la fracción III del artículo 108 del Código Fiscal de la Federación.

73 Suprema Corte de Justicia de la Nación, Acción de Inconstitucionalidad 130/2019 y su acumulada, 136/2019, del 22 de noviembre de 2022, engrose pendiente de publicación.

en peligro la seguridad nacional y, en cambio, desvirtúan el concepto al ampliarlo sin justificación.[74]

Otro caso en que la Suprema Corte de Justicia de la Nación se ha pronunciado en torno a la facultad del Congreso de la Unión para legislar en materia de seguridad nacional se refiere a la acción de inconstitucionalidad 6/2018,[75] en la que se impugnó la invalidez de la Ley de Seguridad Interior.[76] Tras un análisis de las denominadas facultades implícitas del Congreso de la Unión, así como de la cláusula residual, el Tribunal Constitucional discernió sobre la diferencia entre los conceptos de seguridad interior, nacional y pública, así como las autoridades competentes para realizar sus acciones. Concluyó en términos generales que las amenazas que implican un problema para la seguridad nacional, previstas en el artículo 73 constitucional, son distintas a los riesgos de la seguridad pública en términos del artículo 21 de la Constitución, por lo que se está ante un fraude a la Constitución.

Esto fue así, en tanto que el legislador, al expedir la Ley de Seguridad Interior, provocó una tergiversación constitucional, en la medida en que permitió que se introdujeran elementos contrarios a la seguridad nacional; se confundieron sus elementos con los de la seguridad pública y se terminó por alterar la garantía institucional de que esta

---

74 En la discusión de la acción de inconstitucionalidad 130/2019 y su acumulada, 136/2019, del 22 de noviembre de 2022, el Ministro Ponente Luis María Aguilar Morales expresó: *La calificación de determinados delitos fiscales, atenta contra la seguridad de la Nación, debe analizarse de la forma más restrictiva posible, pues solo así se obedece al mandato constitucional de interpretación pro persona. En este sentido, la seguridad no puede emplearse para justificar cualquier límite que el Estado imponga a las personas, no es ese el objeto de la protección de la Nación. La criminalidad ordinaria, por muy grave que sea, no constituye una amenaza a la soberanía del Estado, además, no existe razonabilidad alguna para afirmar que, por definición, un tópico hacendario es de vital importancia para la Seguridad Nacional, pues constituiría un etiquetado formal ajeno al resultado material consistente en poner en riesgo la estructura pública y su existencia, que no se corresponde con el nivel de exigencia necesaria cuando de restricciones a la libertad se trata.* Disponible en: https://www.scjn.gob.mx/sites/default/files/versiones-taquigraficas/documento/2022-11-23/22%20de%20noviembre%20de%202022%20-%20versi%C3%B3n%20definitiva%202.pdf

75 Op. cit. Acción de Inconstitucionalidad 6/2018

76 Diario Oficial de la Federación del 21 de diciembre de 2017, disponible en: https://www.dof.gob.mx/nota_detalle.php?codigo=5508716&fecha=21/12/2017#gsc.tab=0

última fuese conducida por instituciones civiles. Siendo así y para lo que aquí se analiza, el Tribunal Pleno concluyó estableciendo que

> La seguridad nacional en su vertiente de seguridad interior es una facultad exclusiva del orden federal; no es una facultad concurrente. Por tanto, el Congreso no puede distribuir facultades que corresponden de forma exclusiva al orden federal entre entidades federativas y municipios. En este sentido, la ley es inconstitucional ya que se excede y convierte en concurrente a una competencia que solamente pertenece a la Federación.
>
> (…)
>
> En conclusión, el Congreso se excedió en el uso de su competencia para legislar en materia de seguridad nacional ya que la utilizó para encubrir la regulación legislativa de la disposición de las Fuerzas Armadas en tareas que no le son propias, con la consecuencia de descontextualizar los supuestos que la restringen.

De esto se desprende lo que resultaba implícito pero que la Suprema Corte tuvo que hacer evidente, y es que la seguridad nacional, incluida su vertiente de seguridad interior, es una facultad exclusiva de la Federación; en términos del sistema constitucional, las entidades federativas y municipios tienen el deber de colaborar en coordinación con las instancias federales de seguridad nacional. Por otra parte, que el Tribunal Constitucional, en ejercicio de sus atribuciones, delimitó el margen de apreciación del legislador en la disposición del concepto de seguridad nacional, señalizando que ésta no es una facultad omnímoda, sino que siempre debe ser consecuente y consistente con los parámetros que establezca la Constitución.

En consonancia con lo anterior, y como consecuencia del ejercicio de la facultad legislativa de disponer del concepto de seguridad nacional y delimitar sus premisas esenciales, alcances administrativos y acciones de preservación, se estima pertinente mencionar distintos ordenamientos en donde se definen elementos constitutivos de la seguridad nacional, que van más allá y complementan lo dispuesto por la Ley especial en la materia. Al respecto, y con un propósito meramente descriptivo y ejemplificativo, a continuación se hace referencia a diversas normas en las que se regula algún aspecto vinculado a la seguridad nacional:

1. Como motivo o justificación para negar el otorgamiento de una medida cautelar o suspensión, al comprometer o poner en peligro la seguridad nacional:
   a. Código Federal de Procedimientos Civiles, artículo 611.
   b. Ley Reglamentaria de las fracciones I y II del artículo 105 de la Constitución Política de los Estados Unidos Mexicanos, artículo 15.
   c. Ley de Amparo, artículo 129.
   d. Código Nacional de Procedimientos Penales, artículo 63.
   e. Código Nacional de Procedimientos Civiles, artículo 888.
2. En materia aduanera y de comercio exterior, en relación con restricciones no arancelarias y adquisiciones:
   a. Ley Aduanera, artículos 56, 100-B y 145, tratándose de restricciones no arancelarias, respecto a la facultad de la autoridad aduanera para señalar el destino a las mercancías de comercio exterior no transferibles.
   b. Ley de Comercio Exterior, artículos 15 y 16, al considerar a la seguridad nacional como un caso de excepción para establecer medidas de regulación y restricciones no arancelarias.
   c. Ley de Inversión Extranjera, articulo 30, por el que se dispone que, por razones de seguridad nacional, la Comisión Nacional de Inversiones Extranjeras podrá impedir las adquisiciones por parte de la inversión extranjera.
3. Por cuanto hace a la determinación sustantiva sobre qué ámbitos, áreas, ramas o materias son de seguridad nacional, así como la administración y gestión de instalaciones estratégicas:
   a. Ley del Sistema Nacional de Seguridad Pública, artículo 146, se precisa que se consideran instalaciones estratégicas los espacios, inmuebles, construcciones, muebles, equipo y demás bienes destinados al funcionamiento, mantenimiento y operación de las actividades estratégicas, así como para mantener la integridad, estabilidad y permanencia del Estado mexicano, en términos de la Ley de Seguridad Nacional.

b. Ley de Protección del Espacio Aéreo, artículos 3 y 11, respecto a la competencia de la Secretaría de la Defensa Nacional, para coordinar la participación de autoridades que coadyuven a la vigilancia y protección del espacio aéreo, en el ámbito de la seguridad nacional, así como en relación con el objeto del sistema de vigilancia y protección del espacio aéreo, en torno a la inhibición de operaciones ilícitas que pudieran atentar en contra de la seguridad nacional.
c. Ley General de Asentamientos Humanos, Ordenamiento Territorial y Desarrollo Urbano, artículos 6, 59 y 118, en cuanto a la causa de utilidad pública y zonificación de centros de población, respecto a la delimitación de zonas de riesgo y establecimiento de polígonos de protección, amortiguamiento y salvaguarda para garantizar las instalaciones estratégicas de seguridad nacional.
d. Ley Federal para Prevenir y Sancionar los Delitos Cometidos en materia de Hidrocarburos, artículos 22 y 23, en relación con la prevención y establecimiento de instalaciones estratégicas y, de manera particular, al considerar que es información de seguridad nacional aquella relacionada con el funcionamiento de las operaciones, instalaciones o actividades relacionadas con la exploración o extracción de hidrocarburos.
e. Ley de Puertos, artículo 13, en el que se precisa que, por razones de seguridad nacional, la Secretaría de Marina podrá declarar en cualquier tiempo, de forma provisional o definitiva, cerrados a la navegación determinados puertos.
f. Ley de Navegación y Comercio Marítimos, artículos 36, 37 y 61, como motivo para que la Secretaría de Marina niegue la navegación en zonas marinas mexicanas y el arribo a puertos, así como declarar el cierre de puertos por razones de seguridad nacional. Asimismo, se dispone que la Secretaría de Marina realizará directamente las labores de dragado de mantenimiento de los puertos donde lo considere de interés para la seguridad nacional.
g. Ley de Minería, artículo 15 bis, en donde se precisa la seguridad nacional como motivo para que la Secretaría de

Economía retire el título de asignación a las entidades paraestatales de la administración pública federal, y que en determinado momento realicen operaciones de exploración, explotación, beneficio, uso y aprovechamiento de minerales y sustancias estratégicas reservadas al Estado.

h. Ley de Aeropuertos, artículos 11, 14 bis, 53, 62, 71 y 77.
   - Como motivo para no otorgar una concesión para la construcción de aeropuertos, así como para retirar el título de asignación a entidades paraestatales de la administración pública federal.
   - Se precisa que los servicios aeroportuarios se prestarán de forma gratuita a las aeronaves militares que realicen funciones de seguridad nacional, dando prioridad en los aeródromos civiles.
   - Las autoridades federales competentes prestarán de forma directa la seguridad en aeródromos civiles en caso de riesgo a la seguridad nacional, así como para realizar la requisa de aeropuertos, servicios aeroportuarios y complementarios.
i. Ley de Aguas Nacionales, artículos 7, 9, 12 bis 6, 14 bis 5, 19 bis y 84 bis.
   - Se declara de utilidad pública la gestión integrada de los recursos hídricos, superficiales y del subsuelo, a partir de las cuencas hidrológicas, como prioridad y asunto de seguridad nacional.
   - Como principio de la política hídrica nacional, el agua es un bien de dominio público, vital, vulnerable y finito, cuya conservación, preservación protección y restauración es tarea fundamental del Estado, así como una prioridad y asunto de seguridad nacional.
j. Ley de Aviación Civil, artículos 10 bis y 83, como motivo para que la Secretaría de Infraestructura, Comunicaciones y Transportes retire el título de asignación a las entidades paraestatales de la administración pública federal, para prestar el servicio público de transporte aéreo nacional, así como para realizar la requisa de aeronaves y equipo de los

servicios públicos de transporte aéreo. Por último, por razones de seguridad nacional, la Secretaría referida ejercerá atribuciones relativas a la navegación en el espacio aéreo, en coordinación con autoridades militares.

k. Ley de Energía Geotérmica, artículos 11, 44 y 48, como prohibición para realizar actividades de reconocimiento en zonas en donde se localicen instalaciones estratégicas en materia de seguridad nacional. Como facultad de la Secretaría de Energía para declarar el rescate de permisos o concesiones, por motivos de seguridad nacional.

l. Ley de Hidrocarburos, artículos 58, 59 bis y 80, en caso de que se prevea un peligro inminente a la seguridad nacional, se procederá a la suspensión u ocupación temporal de los bienes, derechos e instalaciones amparados por un permiso de tratamiento y refinación de petróleo, procesamiento de gas natural y otros.

m. Ley de Infraestructura de la Calidad, artículo 10, en tanto que prevé a la seguridad nacional como un objetivo de interés público para la emisión de normas oficiales mexicanas.

n. Ley de la Industria Eléctrica, artículo 155, prevé que en caso de desastres naturales o cuando se tema un peligro inminente a la seguridad nacional, el Gobierno Federal podrá hacer la requisa de los bienes muebles e inmuebles necesarios para el suministro eléctrico.

4. Seguridad nacional, como restricción a los derechos de acceso de información y privacidad, así como excepción al procedimiento de licitación pública:

a. Código Nacional de Procedimientos Penales, artículo 64, como excepción al principio de publicidad que rige en las audiencias en el sistema penal acusatorio.

b. Ley Nacional de Extinción de Dominio, artículo 78, como excepción al principio de publicidad que rige en las audiencias en el sistema penal acusatorio.

c. Ley del Sistema Nacional de Información Estadística y Geográfica, artículos 28, 77 y 104, en relación con el subsistema de información en materia de seguridad pública e impartición de justicia; sobre el cual se dispone que la información que comprometa la seguridad nacional será restringida por parte de la Junta de Gobierno, siendo una infracción imputable a los servidores públicos del Instituto la inobservancia en materia de reserva de información por causas de seguridad nacional.

d. Ley de Adquisiciones, Arrendamientos y Servicios del Sector Público, artículos 26 y 41, como motivo para exceptuar el procedimiento de licitación pública a través de invitación restringida o adjudicación directa, cuando se ponga en riesgo la seguridad nacional. En dicho supuesto, se exceptuará la participación de testigos sociales.
e. Ley de Obras Públicas y Servicios Relacionados con las Mismas, artículos 27 y 42, como motivo para exceptuar el procedimiento de licitación pública a través de invitación restringida o adjudicación directa, cuando se ponga en riesgo la seguridad nacional. En dicho supuesto, se exceptuará la participación de testigos sociales.
f. Ley de la Comisión Federal de Electricidad, artículo 80, como motivo para exceptuar el procedimiento de licitación pública a través de invitación restringida o adjudicación directa, cuando se ponga en riesgo la seguridad nacional.
g. Ley de la Fiscalía General de la República, artículo 38, como razón para restringir el derecho de acceso a la información en una carpeta de investigación, así como para regular el ejercicio del derecho de protección de datos personales en posesión de sujetos obligados.
h. Ley de Petróleos Mexicanos, artículo 78, como motivo para exceptuar el procedimiento de licitación pública a través de invitación restringida o adjudicación directa, cuando se ponga en riesgo la seguridad nacional.
i. Ley Federal de Protección a la Propiedad Industrial, artículo 153, en cuanto a que el Instituto Mexicano de la Propiedad Industrial tiene la facultad de conceder concesiones de licencias de utilidad pública para la explotación de ciertas patentes, por causas de emergencia o seguridad nacional, cuando no hacerlo así impida o entorpezca la producción,

prestación o distribución de satisfactores básicos o medicamentos para la población.

5. En particular y por su relevancia, las normas generales en materia transparencia, acceso a la información y protección de datos personales:
   a. La seguridad nacional como excepción al principio de privacidad, máxima publicidad y como causal de reserva de la información (artículos 4 y 113 Ley General de Transparencia y Acceso a la Información Pública (LGTAIP) - 3 y 110 Ley Federal de Transparencia y Acceso a la Información Pública (LFTAIP)- 4 Ley Federal de Protección de Datos Personales en Posesión de Particulares (LLFPDPPP) - 6 Ley General de Protección de Datos Personales en Posesión de Sujetos Obligados (LGPDPPSO).
   b. Asimismo, como elemento de la prueba de daño que deben realizar todos los sujetos obligados, para justificar que la información en cuestión representa un riesgo real, demostrable e identificable de perjuicio significativo a la seguridad nacional o al interés público (artículo 104 LGTAIP).
   c. Usada también como excepción al requisito de contar con el consentimiento del titular de la información para dar acceso a sus datos confidenciales (artículos 120 LGTAIP - 117 LFTAIP).
   d. En relación con la regulación del recurso de revisión en materia de seguridad nacional, como excepción del principio de inatacabilidad de las resoluciones del INAI (artículos 157, 189 y ss. —163 LFTAIP— 138 y ss. LGPDPPSO).
   e. En materia de realización de transferencias de datos personales en posesión de sujetos obligados, la seguridad nacional es una excepción a la obtención del consentimiento del titular (artículo 70 LGPDPPSO).
   f. Respecto al tratamiento de datos personales por parte de sujetos obligados en instancias de seguridad, procuración y administración de justicia, estará limitada a aquellos datos que resulten necesarios para el ejercicio de sus funciones en materia de seguridad nacional (artículo 80 LGPDPPSO). Asimismo, para que el Órgano Garante Nacional ejerza sus

facultades de verificación en lo referente a las instancias de seguridad nacional, y tratándose de datos personales, se requiere de la aprobación de su Pleno por mayoría calificada (artículo 149 LGPDPPSO).

6. Ley General de Salud, artículo 17, en relación con el Consejo de Salubridad General previsto en el artículo 73, fracción XVI de la Constitución Política. La ley en mención dispone que el Consejo tiene la competencia para aprobar y publicar en el Diario Oficial de la Federación la declaratoria en los casos de enfermedades graves que sean causa de emergencia o que atenten en contra de la seguridad nacional, siempre y cuando se justifique la necesidad de atención prioritaria. Por su parte, el artículo 157 Bis 11 prevé que la autorización del registro, importación y liberación de vacunas serán considerados como prioritarios debido a su importancia para la salud pública y la seguridad nacional.
7. Ley de Migración, artículos 1, 3, 20, 43, 48, 64, 80 y 144, en materia de política migratoria, tránsito, ingreso y salida del territorio. Es de destacarse la visión de seguridad en materia migratoria.
    a. Como parte del objeto de la Ley, la seguridad nacional, junto con la preservación de la soberanía, son la finalidad de la regulación normativa relativa al ingreso y salida de mexicanos y extranjeros del territorio nacional, así como el tránsito y la estancia de extranjeros en el mismo.
    b. Para la determinación de la política migratoria por parte del Ejecutivo Federal, se deberá tomar en consideración la seguridad nacional, en conjunto con la tradición humanitaria de México y su compromiso con los derechos humanos.
    c. Como atribución del Instituto Nacional de Migración, para proporcionar información de diversos sistemas informáticos a instituciones de seguridad nacional. Asimismo, para consultar e informar a autoridades responsables de la seguridad nacional sobre la identificación de personas que tengan vínculos con el terrorismo o delincuencia organizada.
    d. Las autoridades migratorias podrán negar la expedición de la visa, la internación regular o su permanencia, así como

deportar a los extranjeros que, dados sus antecedentes en el extranjero, puedan comprometer la seguridad nacional. Esto, aun tratándose de solicitudes de reconocimiento de condición de refugiado o determinación de apátrida. Lo mismo para cancelar la condición de residente temporal o permanente de un extranjero.

e. La seguridad nacional determinada como motivo para negar la salida de mexicanos o extranjeros del territorio nacional.

8. En materia criminal, tipos penales y técnicas de investigación:
    a. Código Penal Federal, en relación con los "delitos contra la seguridad de la Nación": traición a la patria (artículo 123), espionaje (127), sedición (130), motín (131), rebelión (132), terrorismo (139), financiamiento al terrorismo (139 quáter), sabotaje (140), y conspiración (141). Algunos de estos, en términos de lo dispuesto por el artículo 144, son considerados delitos de carácter político. Asimismo, a esta lista podrían incorporarse de forma indirecta los delitos de operaciones con recursos de procedencia ilícita (400 bis), ataques a las vías de comunicación (165 y ss.), uso ilícito de instalaciones destinadas al tránsito aéreo (172 bis y ss.), delitos contra la salud (193 y ss.), entre otros.
    b. Ley General para Prevenir, Sancionar y Erradicar los Delitos en Materia de Trata de Personas y para la Protección y Asistencia a las Víctimas de estos Delitos, artículo 125, considera que el cumplimiento a las previsiones presupuestales y de financiamiento a la prevención, sanción y erradicación del delito de trata, así como su protección y asistencia, son una cuestión de seguridad nacional.
    c. Ley de la Guardia Nacional, artículo 100, en tanto referencia a la facultad para solicitar intervención de comunicaciones privadas y la autorización judicial correspondiente, en los términos de la Ley de Seguridad Nacional.
    d. Ley de la Policía Federal, artículo 48, en relación con la facultad para solicitar intervención de comunicaciones privadas y la autorización judicial correspondiente, en los términos de la Ley de Seguridad Nacional.

9. Ley Orgánica de la Administración Pública Federal, por su relevancia en la asignación de funciones específicas por parte del Poder Legislativo a dependencias de la administración pública federal centralizada:
   a. Secretaría de la Defensa Nacional, artículo 29, a la cual de manera específica le encomienda establecer acciones para garantizar que las operaciones aéreas en el territorio nacional no se realicen con fines ilícitos o atenten en contra de la seguridad nacional.
   b. Secretaría de Marina, artículo 30, para disponer que le corresponde emitir opiniones en materia de seguridad nacional en los proyectos de construcción de toda clase de vías generales de comunicación por agua y sus partes. Por otro lado, se le encomienda de manera genérica ejercer acciones para llevar a cabo la defensa y seguridad nacionales en el ámbito de su responsabilidad.
   c. Secretaría de Seguridad y Protección Ciudadana, artículo 30 bis, a quien además de formular la Estrategia Nacional de Seguridad Pública, el Programa Nacional de Seguridad Pública y coordinar el gabinete de seguridad del Gobierno Federal, le corresponde:
      - Establecer mecanismos e instancias para la coordinación integral de las tareas, así como el análisis y sistematización integral de la investigación e información de seguridad nacional.
      - Organizar, dirigir y supervisar el Centro Nacional de Inteligencia.
      - En su calidad de Secretario Ejecutivo del Sistema Nacional de Seguridad Nacional, impulsar su coordinación, así como la celebración de convenios y bases de colaboración.
      - Informar al Poder Legislativo Federal sobre los asuntos de su competencia en materia de seguridad nacional.

Es de destacarse que la dependencia que mayores atribuciones expresas tiene en la materia es la Secretaría de Seguridad y Protección Ciudadana, cuya esencia y razón de ser, pareciera una obviedad, es la seguridad pública. Este conjunto de atribuciones anteriormente estaba encomendado a la Secretaría de Gobernación, como la encargada de la conducción de la política interior y en la medida que de ésta dependía el Centro de Investigación y Seguridad Nacional. Esto puede deberse a la reciente tendencia a militarizar la seguridad pública en el país.

Las anteriores referencias tienen como propósito mostrar la forma en la que el Poder Legislativo ha dispuesto del concepto de seguridad nacional y, de manera específica, la manera en que se delimitan múltiples instituciones jurídicas y derechos humanos en función de su regulación normativa. Se trata de la vertiente sustantiva o constitutiva de la seguridad nacional, en la medida en que a partir de la habilitación constitucional a la que hemos hecho referencia, el Congreso define qué es la seguridad nacional, qué acciones se deben de realizar para su preservación y en qué consisten sus amenazas. A su vez, observamos como el legislador otorga atribuciones a diversas dependencias, como las secretarías de la Defensa Nacional, Marina, Economía, Energía y otras, para realizar acciones específicas que tienen como finalidad la preservación de la seguridad nacional.[77]

C) INSTANCIAS Y MECANISMOS DE ARTICULACIÓN Y COORDINACIÓN EN MATERIA DE SEGURIDAD NACIONAL

Tras la reforma a la Constitución Política de 2004, a la que se hizo referencia, la función legislativa en la materia es el primer peldaño en el sistema jurídico nacional para comprender el contenido, lími-

---

77 Dada la vastedad de instrumentos normativos en donde se hace referencia a la seguridad nacional, resulta relevante referir aquellas leyes que si bien por su naturaleza podrían tener un vínculo o relación, no se hace mención o referencia alguna: Ley de Caminos, Puentes y Autotransporte Federal, Ley de Disciplina del Ejército y Fuerza Aérea Mexicanos, Ley de Disciplina para el Personal de la Armada de México, Ley de Educación Militar del Ejército y Fuerza Aérea Mexicana, Ley de Educación Naval, Ley de la Agencia Nacional de Seguridad Industrial y de Protección al Medio Ambiente del Sector Hidrocarburos, Ley de los Órganos Reguladores Coordinados en Materia Energética, Ley de Planeación y Ley de Vías Generales de Comunicación.

tes y posibilidades de la seguridad nacional. Decíamos que uno de los propósitos de la constitucionalización del concepto fue precisamente dotar de parámetros para el control y coordinación del ejercicio de la facultad del ejecutivo federal de preservar la seguridad nacional. Y es así porque, como se desprende de la relación con la normatividad que la regula, se observa como denominador común el que la seguridad nacional, de forma directa o indirecta, incide en el ejercicio de diversos derechos humanos; en ocasiones limitándolos. Es decir, dada la maleabilidad del principio constitucional, es indispensable que el legislador haya perfilado ciertos límites estructurales al poder ejecutivo. Esto lo hizo a través del establecimiento de diversos mecanismos orgánicos que prevé la Ley de Seguridad Nacional, en tanto que uno de los mandatos constitucionales al Congreso, además de regular la materia, es el de establecer requisitos y límites a las investigaciones correspondientes.

La Ley de Seguridad Nacional prevé un esquema orgánico que contempla al Consejo de Seguridad Nacional, el Centro de Investigación y Seguridad Nacional (hoy Centro Nacional de Inteligencia o CNI),[78] instancias y mecanismos de coordinación y cooperación nacional e internacional que serán analizados en el apartado correspondiente a las facultades del Poder Ejecutivo. Para efectos de este capítulo, destacan dos instituciones esenciales. Por un lado, el control legislativo por medio de la Comisión Bicameral en materia de seguridad nacional, así como los controles establecidos en la Ley para la intervención de comunicaciones privadas.

Al respecto, la Comisión Bicameral en Materia de Seguridad Nacional se compone de tres diputados y tres senadores, cuya presidencia será rotativa y recaerá alternativamente en un senador y un diputado. Su razón de ser, en términos de lo previsto por el artículo 56 de la Ley en cuestión, consiste en sujetar a control y evaluación las políticas y acciones vinculadas con la seguridad nacional. Para ello, cuenta con las siguientes atribuciones:

---

[78] A cargo de la Secretaría de Seguridad y Protección Ciudadana, en términos del artículo 30 bis., fracción XVII de la Ley Orgánica de la Administración Pública Federal.

1. Solicitar informes al CNI cuando se discuta una ley o asunto relacionado con la seguridad nacional y requerir los resultados de las revisiones o auditorías que le practiquen.
2. Conocer y emitir una opinión sobre el proyecto anual de la Agenda Nacional de Riesgos; el informe semestral que rinda el Secretario de Seguridad y Protección Ciudadana en su calidad de Secretario Técnico del Consejo de Seguridad Nacional, pudiendo citarlo para que explique el contenido; los reportes de actividades del Director General del Centro de Inteligencia Nacional, así como los informes de cumplimiento que éste haya recibido del Secretario Técnico del Consejo; y los acuerdos de cooperación que establezca el Centro.
3. Enviar al Consejo cualquier recomendación que considere apropiado.

Como puede observarse, las facultades de la Comisión Bicameral son estrictamente neutrales o pasivas, por cuanto al control y evaluación en materia de seguridad nacional a los que se refiere la propia Ley. Es decir, las atribuciones se reducen a solicitar informes, conocer de reportes y emitir opiniones y recomendaciones. Sin duda, no estamos frente a una labor de control en el sentido jurídico del término, e incluso podríamos referir que ni siquiera en sede democrática respecto al contrapeso entre poderes del Estado. Vale referir, entonces, que se trata de una institución testimonial que no ejerce una función que equilibre, restrinja o limite el ejercicio de las actividades desplegadas por el Poder Ejecutivo en materia de seguridad nacional.

La facultad de citar a comparecer al Secretario de Seguridad y Protección Ciudadana, en su calidad de Secretario Técnico del Consejo de Seguridad Nacional, para explicar el contenido del informe semestral que da cuenta de las actividades desarrolladas en materia de seguridad nacional, podría constituir un mecanismo de rendición de cuentas relevante. No obstante lo anterior, de la revisión de las actividades de la Comisión Bicameral en los sitios de internet habilitados por cada una de las cámaras,[79] no se desprende o reporta

[79] Cámara de Diputados: http://www5.diputados.gob.mx/index.php/camara/Comision-Bicamaral-de-Seguridad-Nacional2, Senado de la República: https://comisiones.senado.gob.mx/b_seguridadnacional/

ni una sola comparecencia, reunión de trabajo o comunicaciones o recomendaciones por parte de esta Comisión en la LXV Legislatura del Congreso de la Unión. Es más, ni siquiera se observa un programa de trabajo, relación de iniciativas, minutas, puntos de acuerdo o dictámenes en la materia.

De lo anterior, será fundamental valorar la pertinencia de dotar a la Comisión Bicameral de verdaderas facultades de control y evaluación, con incidencia real en la conducción de las actividades que desarrolle el Ejecutivo Federal. Siendo así, al amparo del artículo 93 de la Constitución, podrían dotarse de mayores herramientas a la Comisión; relacionadas, ahora, con la facultad de realizar investigaciones, convocar de manera vinculante no solo al Secretario técnico del Consejo de Seguridad Nacional, sino a interpelar a cualquier autoridad, entidad o instancia encargada de la Seguridad Nacional. Inclusive, se podría analizar la viabilidad de que esta misma Comisión pudiera dar vista a la Suprema Corte de Justicia de la Nación cuando considere que existe un ejercicio indebido de facultades en materia de seguridad nacional; similar a lo que sucede con la Consejería Jurídica Federal, en el recurso de revisión extraordinario en la materia. De lo contrario, como sucede en la actualidad, se trata de un mecanismo inconsecuente.

Por otro lado, la Ley de Seguridad Nacional establece un capítulo destinado a la intervención de comunicaciones privadas. Si bien, dada la estructura del presente ensayo, esto habría de estar dispuesto en el apartado del control judicial, se estimó pertinente referirlo aquí, en tanto que se trata de la materialización normativa de la facultad constitucional del Congreso de la Unión para establecer los requisitos y límites a las investigaciones en materia de seguridad nacional.

La intervención a las comunicaciones privadas es un componente del género "inteligencia para la seguridad nacional", que el artículo 29 de la Ley define como el conocimiento obtenido a partir de la recolección, diseminación y explotación de información para la toma de decisiones. De ello, se entiende que la intervención de comunicaciones privadas tenga como finalidad la toma, escucha, monitoreo o grabación por cualquier medio, aparto o tecnología. Para lo que aquí interesa, en términos del artículo 16 de la Constitución, únicamente la autoridad judicial federal, a petición de la autoridad competente, podrá autorizar la intervención de cualquier comunicación privada, para lo cual se debe fundar y motivar la causa de la petición, así como precisar el tipo de intervención, los sujetos de esta y su duración. Asimismo, se prohíbe expresamente la intervención de comunicaciones en materias de carácter electoral, fiscal, mercantil, civil, laboral o administrativa, así como el diálogo entre el detenido y su defensor.

En el caso particular de la solicitud de autorización, ésta la debe realizar el Centro de Inteligencia Nacional, únicamente cuando se esté ante alguna de las amenazas a las que se refiere el artículo 5 de la Ley en mención. Entre otras cosas, de ahí la importancia de precisar los alcances de cada una de esas amenazas y, en su caso, la adecuación de los hechos al supuesto normativo. Por ello resulta fundamental el control judicial. En el supuesto que se autorice la solicitud, el juez respectivo deberá precisar el tipo de actividad y el plazo (no mayor de 180 días, con posibilidad de prórroga) en que se autoriza. Es de destacarse que es el Centro quien estará a cargo del control y ejecución de la intervención. Por su parte, los titulares de concesiones para la prestación de servicios de telecomunicaciones deben aportar todas las facilidades para cumplir con los términos de la autorización judicial. Por último, la información obtenida de las intervenciones será reservada.[80]

Es importante concluir refiriendo que, si bien la intervención de comunicaciones privadas es a lo que la Ley destina mayor desarrollo y regulación, es solamente una forma de adquirir información. Es decir, se trata de un método de investigación y cada una de las técnicas utilizadas por la autoridad para la obtención de inteligencia debe cumplir con los estándares previstos por la Constitución y con respeto a los derechos humanos.

En el siguiente apartado, se hará referencia a las facultades del Poder Ejecutivo Federal para preservar la seguridad nacional y prevenir actos y amenazas que pongan en peligro la integridad, estabilidad y

---

80 Para efectos de analizar el examen de la reserva de información derivada de intervenciones de comunicaciones privadas y su vínculo y afectación a la seguridad nacional, revísese la resolución emitida por el Tribunal Pleno de la Suprema Corte de Justicia de la Nación dictada en el recurso de revisión en materia de seguridad nacional 1/2016, a cargo de la Ponencia del Ministro en Retiro José Ramón Cossío Díaz, disponible en: https://www2.scjn.gob.mx/ConsultasTematica/Detalle/202248

permanencia del Estado mexicano, así como a la estructura administrativa responsable de la seguridad nacional, al Plan Nacional de Desarrollo, a la Estrategia Nacional de Seguridad Pública y al Programa Nacional de Seguridad Pública, al Consejo de Seguridad Nacional, entre otros.

IV. FACULTADES DEL PODER EJECUTIVO FEDERAL EN MATERIA DE SEGURIDAD NACIONAL

A) INDISPONIBILIDAD DEL CONCEPTO

El presente capítulo tiene como propósito hacer referencia y analizar la manera en que el Presidente de la República ejerce la facultad y obligación prevista en la fracción VI del artículo 89 constitucional. Es decir, los medios a través de los que el titular del Poder Ejecutivo Federal preserva la seguridad nacional. En el apartado anterior se revisó la legislación en seguridad nacional y la forma en que el Poder Legislativo ha dispuesto los objetivos y alcances de la seguridad nacional, así como las técnicas de investigación que generan inteligencia y los respectivos medios de control.

Una consecuencia evidente del diseño adoptado por la Constitución a partir del 2004, año en que se reformaron los artículos 73 y 89 constitucionales, y a partir del ejercicio de la facultad del Congreso de la Unión para legislar en materia de seguridad nacional, es que el concepto de seguridad nacional, sus límites y alcances, así como su precisión respecto a las acciones habilitadas para la administración pública federal, no se encuentran disponibles para el Presidente de la República. Dicho de otra manera, el titular del Poder Ejecutivo Federal no tiene la facultad para limitar o ampliar por ningún medio el concepto de seguridad nacional. Su facultad constitucional se constriñe a su preservación. Es así, dado que el Congreso de la Unión, haciendo uso de la facultad exclusiva, dotó de materialidad al concepto de seguridad nacional en el artículo 3° de la Ley de Seguridad Nacional, así como en el resto de las disposiciones normativas a que se hizo referencia en el capítulo precedente.

Reiterando, el titular del Poder Ejecutivo no puede modular, alterar o significar de manera distinta lo que el legislador prevé como seguridad nacional; esto implica la imposibilidad de alterar sus alcances para acciones de prevención, investigación, defensa o remediación. Más aun, si se trata de acciones que tienen el potencial de restringir el ejercicio de derechos humanos. Bajo dicha valoración, la Suprema Corte de Justicia de la Nación estableció en la controversia constitucional 217/2021 lo siguiente

> (...) cabe señalar que el artículo 73, fracción XXIX-M, constitucional otorga al Congreso de la Unión la facultad exclusiva de regular en ley la materia de seguridad nacional. En contraste, el artículo 89 fracción VI de la Constitución únicamente otorga al Presidente la facultad constitucional de preservar la seguridad nacional, en los términos de la ley respectiva. Esto apoya la noción de que existe reserva de ley para establecer cuáles son los límites del concepto de seguridad nacional. Y con mayor razón, al leer estos preceptos junto al artículo 6 constitucional, queda claro que la extensión de la excepción por seguridad nacional al derecho de acceso a la información pública es indisponible para el Ejecutivo.[81]

Nos parece de la mayor relevancia insistir en lo anterior, dado que la regulación del concepto de seguridad nacional, que implica su delimitación e implicaciones, alcances, acciones permitidas y restricciones, así como la habilitación específica a diversas dependencias de gobierno para realizar acciones en concreto, deben regirse al amparo del principio de reserva de Ley. Desde otra perspectiva, se trata de un esquema que prohíbe al titular del Poder Ejecutivo Federal dotar de contenido al concepto de seguridad nacional. Esto significa que aún en circunstancias específicas, no tenga la posibilidad de ampliar sus supuestos. Lo anterior, bajo la premisa de que la Ley especial en la materia ha previsto, en el desarrollo de sus postulados (finalidades y amenazas), la totalidad de las hipótesis normativas o supuestos fácticos, con lo cual se cumple el propósito de mantener la integridad, estabilidad y permanencia del Estado mexicano.

B) INSTANCIAS DE SEGURIDAD NACIONAL

La Ley de Seguridad Nacional, en términos de su artículo primero, dispone y delimita la integración y coordinación de las instituciones y autoridades encargadas de preservar la seguridad nacional, a

---

[81] Suprema Corte de Justicia de la Nación, Controversia Constitucional 207/2021 de fecha 22 de mayo de 2023, disponible en: https://www2.scjn.gob.mx/ConsultasTematica/Detalle/291249

través de la creación de instancias, programas y planes, mecanismos de cooperación, técnicas de investigación y generación de información e inteligencia, así como previsiones generales para la protección de derechos humanos. En esencia, más allá de las disposiciones en diversas leyes que prevén algún aspecto específico del concepto de seguridad nacional, a lo que se hizo referencia en el capítulo que antecede, es en esta Ley en donde se materializa el ejercicio de la facultad de preservar la seguridad nacional. Y en esa medida, este es el marco referencial al que debe ceñirse el Poder Ejecutivo Federal al ejercer sus facultades en la materia.

En primer lugar es relevante referir al Consejo de Seguridad Nacional como la instancia coordinadora del Estado mexicano en la materia, que se integra por el Presidente de la República, quien lo preside; por el Secretario de Seguridad y Protección Ciudadana, que funge como Secretario Ejecutivo;[82] así como por los titulares de las secretarías de la Defensa Nacional, Marina, Gobernación, Hacienda y Crédito Público, Función Pública, Relaciones Exteriores, Comunicaciones y Transportes, el Fiscal General de la República y el director general del Centro de Inteligencia Nacional. El Consejo es, de conformidad con el artículo 13 de la Ley, una instancia deliberativa cuyo propósito es establecer y articular la política de seguridad nacional. Para el desarrollo de su objetivo, el Consejo tiene esencialmente competencia para:

1. Integrar y coordinar los esfuerzos y dictar las medidas necesarias para preservar la seguridad nacional, y
2. Emitir lineamientos para establecer las políticas generales de seguridad nacional, para regular el uso de aparatos para la intervención de comunicaciones privadas y para que el Centro Nacional de Inteligencia preste colaboración en materia de seguridad pública y procuración de justicia, así como la emisión del Programa para la Seguridad Nacional y la Agenda Nacional de Riesgos y los programas de cooperación internacional.

---

82 Esta función era anteriormente llevada a cabo por el Secretario de Gobernación. No obstante, en términos de la reforma a la Ley Orgánica de la Administración Pública Federal, le corresponde ahora a la Secretaría de Seguridad y Protección Ciudadana.

Las facultades del Consejo se traducen en la generación de la política de seguridad nacional en donde se manifiestan las prioridades y se establecen las líneas de acción genéricas por parte de las autoridades competentes, que se complementa con la agenda de riesgos, como un instrumento dúctil que se actualiza de forma anual. Junto con los lineamientos y programas mencionados, se trata de una facultad de creación normativa y de generación de instrumentos de carácter general, ambos vinculantes, que determinan la actuación de las entidades competentes, en función de las necesidades de seguridad nacional en cada caso. Es una función relevante porque se trata de la materialización de este concepto abstracto. Es decir, en estos instrumentos se busca darle contenido material y ejecutividad funcional a las acciones de seguridad nacional, por parte de las autoridades facultadas, al generar líneas que sitúan a este término en un entorno concreto y con acciones definibles.

Como segundo conjunto de facultades del Consejo de Seguridad Nacional, se encuentran aquellas que conllevan un elemento ejecutivo y de coordinación. Es decir, se trata de la función operativa del Consejo de integrar y coordinar los esfuerzos y dictar las medidas necesarias para preservar la seguridad nacional. Esto hace que sea la instancia que aglutina y determina las acciones que se deben realizar para preservar la seguridad aquí estudiada, así como la determinación sobre qué medidas son las requeridas para ello. Ahora, es relevante precisar que en los términos dispuestos por la Ley de Seguridad Nacional, no se trata de facultades del Consejo en sí mismo, como es el caso de la emisión de lineamientos o generación de políticas, sino que se trata de las facultades de las entidades y dependencias integrantes del mismo y el Consejo, según la Ley en cuestión, únicamente coordina e integra las acciones y determina, en su caso, qué medidas son las necesarias para la seguridad nacional.[83] Es una instancia operativa y de toma de decisión que no ejecuta acciones

---

83 Esto se corrobora y confirma con lo dispuesto por el artículo 23 de la Ley de Seguridad Nacional, que dispone "en la aplicación de la presente Ley y las medidas de coordinación que establece, se mantendrá el respeto a las atribuciones de las instancias que participen".

por sí misma, sino por medio de sus integrantes. En ese sentido, se asemeja a una comisión intersecretarial.[84]

Por otro lado, es relevante precisar que el Secretario Técnico del Consejo, nombrado por el Presidente de la República, además de las meramente administrativas y de ejecución de acuerdos, tiene como funciones destacables la de realizar el inventario de la infraestructura estratégica del país y administrar y sistematizar los instrumentos y redes de información que se generen. Sobre lo primero, se trata de una atribución de extrema relevancia en tanto que, de cara a la consideración sobre qué acciones pueden poner en peligro la seguridad nacional, como justificación para la restricción de derechos humanos y la generación de acciones de coordinación y ejecución, es fundamental contemplar el inventario de infraestructura estratégica, ya que una de las amenazas a la seguridad nacional que reconoce de manera expresa la ley es, precisamente, la de "actos tendentes a destruir o inhabilitar la infraestructura de carácter estratégico o indispensable para la provisión de bienes o servicios públicos".[85] Con esta función expresa encomendada al Secretario Técnico del Consejo de Seguridad Nacional, se brinda certeza jurídica en torno a las acciones de prevención en la materia.

Asimismo, la Secretaría Técnica del Consejo tiene como atribución la de administrar y sistematizar los instrumentos y redes de información. Al respecto, es de destacar la Red Nacional de Información como un instrumento para la toma de decisiones del Consejo, que se conforma de información que provean la federación, entidades federativas y municipios, a través del Secretario Ejecutivo del propio Consejo, por medio de convenios de colaboración generales y específicos que se celebren con estados de la República y con otras dependencias de gobierno.[86] Se trata de una articulación nacional

---

84 El artículo 21 de la Ley Orgánica de la Administración Pública Federal prevé que el Presidente de la República podrá constituir comisiones intersecretariales, consultivas y presidenciales a través de decretos. Y las define como aquellas creadas por el Presidente de la República para el despacho de asuntos en que deban intervenir varias Secretarías de Estado. Estarán integradas por Secretarios de Estado o funcionarios de la Administración Pública Federal.

85 Artículo 5, fracción XII de la Ley de Seguridad Nacional.

86 A manera de ejemplo, se encuentran las "Bases de Colaboración que en el marco de la Ley de Seguridad Nacional celebran la Secretaría de Gobernación y la

en seguridad nacional que, por medio de la formalización de instrumentos de cooperación, todas las autoridades administrativas del país facilitan el flujo de información relevante en la materia. En materia de procuración de justicia, el Centro de Inteligencia Nacional (antes CISEN) será auxiliar del Ministerio Público de la Federación y prestará cooperación, apoyo técnico y tecnológico e intercambio de información sobre delincuencia organizada.

Es relevante mencionar que en ejercicio de la facultad reconocida por la fracción I del artículo 89 constitucional, el Presidente de la República expidió el 29 de noviembre de 2006 el Reglamento para la Coordinación de Acciones Ejecutivas en Materia de Seguridad Nacional.[87] Más allá de hacer una referencia exhaustiva a lo que ahí se regula, basta con indicar que dispone que las atribuciones conferidas, tanto al Secretario Ejecutivo como Técnico del Consejo, se deberán ejercer en función de dos vertientes principales: 1) La generación de políticas públicas cuyo objetivo será promover el desarrollo institucional de los sistemas y procesos de seguridad nacional y la generación de estrategias y acciones de desarrollo que contribuyan a disminuir los riesgos a la integridad, estabilidad y permanencia del Estado Mexicano y, 2) La vertiente de inteligencia estratégica tiene como finalidad la generación de conocimiento útil, veraz, oportuno y pertinente para la toma de decisiones, orientados por los criterios de seguridad y desarrollo de proyectos estratégicos.

Por otro lado, en cuanto a la coordinación con instancias locales y municipales, debe reiterase que la seguridad nacional es una materia de competencia de la federación. De manera destacada, la Ley prohíbe a los gobiernos de las entidades federativas generar actos de

---

Secretaría de Hacienda y Crédito Público", publicado en el DOF el 8 de diciembre de 2006, disponible en: https://www.dof.gob.mx/nota_detalle.php?codigo=4939907&fecha=08/12/2006#gsc.tab=0 o las "Bases de Colaboración que en el marco de la Ley de Seguridad Nacional, celebran la Secretaría de Gobernación y la Secretaría de la Marina" publicado en el DOF el 25 de febrero de 2011 disponible en: https://www.dof.gob.mx/nota_detalle.php?codigo=5179427&fecha=25/02/2011#gsc.tab=0

87 Reglamento para la Coordinación de Acciones Ejecutivas en Materia de Seguridad Nacional, publicado en el Diario Oficial de la Federación el 29 de noviembre de 2006, disponible en: https://www.diputados.gob.mx/LeyesBiblio/norma/reglamento.htm

molestia o que afecten la esfera jurídica de particulares al ejercer actos de cooperación de seguridad nacional. Asimismo, se reitera que se deberá apegar a lo previsto por los artículos 117, 118 y 119 de la Constitución. De estas disposiciones, es pertinente referir que el primer párrafo del artículo 119 constitucional prevé que "los Poderes de la Unión tienen el deber de proteger a las entidades federativas contra toda invasión o violencia exterior", lo que confirma, junto con lo establecido por el artículo 73 XXIX-M, que las acciones destinadas a mantener la integridad, estabilidad y permanencia del Estado mexicano, respecto a amenazas o agresiones externas, corresponden a la Federación.

No obstante lo anterior, en términos de cooperación, las entidades federativas deberán aportar cualquier información a la Red Nacional de Información y colaborar con las autoridades federales competentes para el efecto de lograr una coordinación de políticas, acciones y programas, celebrar convenios en los términos ya mencionados, y promover la participación de municipios en la materia.

Por su parte, mediante la reforma del 18 de diciembre de 2020, se incorporó a la Ley de Seguridad Nacional el título relativo a la cooperación con gobiernos extranjeros en materia de seguridad nacional. Destaca, entre otras cosas, el reconocimiento de "agentes extranjeros", que deberán ser autorizados para internarse temporalmente en el territorio nacional con fines de intercambio de información. Éstos no tendrán ninguna inmunidad en caso de incurrir en la comisión de algún delito y el Gobierno mexicano supervisará en todo momento el cumplimiento de sus obligaciones. En caso de que detecte el incumplimiento al ordenamiento jurídico, solicitará su retiro al Gobierno acreditante. En términos del artículo 71 de la Ley de Seguridad Nacional, cualquier agente extranjero sólo podrá desarrollar las actividades de enlace para el intercambio de información en los términos de su autorización, no podrá realizar actividades reservadas a autoridades mexicanas, ni realizar gestiones ante autoridades distintas a la Secretaría de Relaciones Exteriores. Asimismo, deberán poner en conocimiento de las autoridades que correspondan la información que hayan recabado, y presentar un informe mensual que contribuya a preservar la seguridad nacional.

En relación con la materia de cooperación internacional, se establecieron dos órganos auxiliares. En primer término, el "Grupo de Alto Nivel de Seguridad" que, en términos del artículo 75 de la Ley correspondiente, funge como el órgano auxiliar del Consejo de Seguridad Nacional para la atención y gestión de los convenios, programas y temas estratégicos de cooperación suscritos por el Estado mexicano que contribuyan a preservar la seguridad nacional. Al respecto, mediante Acuerdo del Consejo de Seguridad Nacional,[88] se estableció que el grupo se conformaría por representantes de la Secretaría de Relaciones exteriores, quien lo presidiará, así como de las secretarías de Seguridad y Protección Ciudadana, Defensa Nacional, Marina, del Centro de Inteligencia Nacional y de la Guardia Nacional. Asimismo, se dispuso que sus principales atribuciones consisten en gestionar los temas estratégicos de cooperación que deriven de convenios internacionales, autorizar la celebración de reuniones entre autoridades y agentes extranjeros, designar funcionarios que sirvan de punto de contacto para autorizar y celebrar reuniones urgentes con agentes extranjeros, entre otras.

El segundo órgano auxiliar en materia de cooperación internacional de seguridad nacional es el "Grupo de Coordinación Operativa", que se encarga de coordinar y supervisar la ejecución de convenios, programas, acciones o acuerdos de cooperación, suscritos por el Estado mexicano con agencias de seguridad de otros países. Será presidido por la Secretaría de Seguridad y Protección Ciudadana y, en términos del Acuerdo del Consejo de Seguridad Nacional ya referido, lo integran, en adición a las autoridades que componen el Grupo de Alto Nivel de Seguridad, la Administración General de Aduanas y el Instituto Nacional de Migración.

Fuera del ámbito del Consejo de Seguridad Nacional, se encuentra el Centro Nacional de Inteligencia. Es necesario precisar que la Ley de Seguridad Nacional sigue haciendo mención al CISEN. El cambio y transición fue realizado a través de una modificación a la Ley Orgánica de la Administración Pública Federal, por la que se

---

[88] Acuerdo del Consejo de Seguridad Nacional por el que se establecen las disposiciones generales que rigen la organización y el funcionamiento del Grupo de Alto Nivel de Seguridad y del Grupo de Coordinación Operativa, del 14 de enero de 2021, disponible en: https://www.dof.gob.mx/nota_detalle.php?codigo=5609825&fecha=14/01/2021#gsc.tab=0

incorporó el artículo 30 bis, y se otorgó a la Secretaría de Seguridad y Protección Ciudadana, la atribución para:

> XVII. Organizar, dirigir y supervisar bajo su adscripción al Centro Nacional de Inteligencia, el cual fungirá como un sistema de investigación e información, que contribuya a preservar la integridad, estabilidad y permanencia del Estado mexicano, así como contribuir, en lo que corresponda al Ejecutivo de la Unión, a dar sustento a la unidad nacional, a preservar la cohesión social y a fortalecer las instituciones de gobierno.

Es de destacarse que en el proceso legislativo no hay mayores expresiones, fundamentos o argumentos que permitan comprender a cabalidad las razones por las que se cambió de adscripción o se le modificó la denominación al CISEN, más allá de las ambigüedades en torno a que sería preferible que la labor de inteligencia del Estado no estuviera a cargo de la instancia responsable de la gobernabilidad del país, debido al riesgo que ello implicaría para el hostigamiento y persecución política de opositores y similares. Aun así, en el contexto de un conversatorio ciudadano que sostuvo la Comisión de Gobernación de la Cámara de Diputados, como dictaminadora en el proceso de reforma, el académico Alejandro Hope planteó lo siguiente:

> Yo creo que aquí hay un equívoco de fondo, que es confundir la inteligencia policial con inteligencia civil. La primera tiene como objetivo obtener evidencia que pueda plantearse ante un tribunal, como parte de un proceso judicial, eso significa un espectro amplio de acción, ya que se puede desplegar para atender cualquier delito, por estar sujeta a reglas estrictas de obtención de evidencia. De la otra forma, todo lo que se recabe puede ser desechado por un juez.
>
> En cambio la inteligencia civil no tiene como destino necesariamente un expediente judicial, se recaba información no para meter a alguien a la cárcel, sino para dotar a los tomadores de decisión ubicados en el ápice de la estructura gubernamental, de elementos que le permitan... (sic) amenaza la estabilidad, integridad y permanencia del Estado.[89]

[89] Dictamen de la Comisión de Gobernación y Población, con opinión de la Comisión de Seguridad Pública, que contiene proyecto de decreto por el que se reforman diversos artículos de la Ley Orgánica de la Administración Pública Federal, de 13 de noviembre de 2018, disponible en: https://legislacion.scjn.gob.mx/Buscador/Paginas/wfProcesoLegislativoCompleto.aspx?q=dBwlr2Y8dQHxR0t4KBWx2Qu1WPfRs6EBip8INxEuZdDkyvabg3lubbY1ReJegz6G0Pb/S0HxGNNHSb1k0N+/Zg==

Finalmente, como se mencionó, el nuevo CNI fue ubicado en la Secretaría de Seguridad y Protección Ciudadana, generando con ello una confusión instrumental, operativa y teleológica entre la inteligencia policial y la civil. No obstante, ante la deficiencia legislativa que comprende el no haber modificado de forma consecuente la Ley de Seguridad Nacional, en la que se sigue haciendo referencia al CISEN, se tiene que las atribuciones y naturaleza del CNI, como consecuencia de una interpretación integral, son a las que se refiere en la propia Ley de Seguridad Nacional, donde se precisa que se trata de un órgano administrativo desconcentrado, con autonomía técnica, operativa y de gasto. Además, tiene, en términos del artículo 19 de la Ley referida, las siguientes atribuciones:

1. Operar tareas de inteligencia y tecnología de comunicaciones especializadas, así como procesar la información que generen sus operaciones.
2. Preparar estudios de carácter político, económico y social, para alertar sobre riesgos y amenazas a la seguridad nacional.
3. Elaborar lineamientos generales del plan estratégico y la Agenda Nacional de Riesgos.
4. Proponer medidas de prevención, disuasión, contención y desactivación de riesgos y amenazas que busquen vulnerar el territorio, la soberanía, las instituciones nacionales, la gobernabilidad o el Estado de Derecho.
5. Establecer la cooperación interinstitucional con diversas dependencias de la administración pública y órdenes de gobiernos, así como proponer sistemas de cooperación internacional.
6. Adquirir, administrar y desarrollar tecnología especializada para la investigación y difusión de las comunicaciones del Gobierno Federal en materia de Seguridad Nacional.
7. Prestar auxilio técnico a cualquiera de las instancias de gobierno representadas en el Consejo de Seguridad Nacional.

Como puede observarse, se trata de funciones indispensables y de la mayor relevancia para la seguridad nacional. En breves términos, el Centro Nacional de Inteligencia es el brazo ejecutivo del Estado mexicano en la materia, al concentrar atribuciones de investigación, análisis y operativas. De esto puede desprenderse que el Consejo de Seguridad Nacional es la instancia de deliberación y decisión, mientras que el Centro Nacional de Inteligencia es la autoridad ejecutora. Por cuanto hace a la asignación funcional de atribuciones en materia de seguridad nacional, resulta evidente que la Fuerza Armada Permanente, es decir, el Ejército, Armada y Fuerza Aérea, a cargo de la Secretaría de la Defensa Nacional y la Secretaría de Marina, en el ámbito de sus competencias, desempeñan un papel fundamental en la preservación y defensa de la seguridad nacional.

C) FUNCIONES DE SEGURIDAD NACIONAL

Con relación a la estructura orgánica y ejercicio de competencias administrativas, es relevante referir que no todo aquello que realicen las entidades e instancias aquí mencionadas puede considerarse por sí mismo como un acto u acción de seguridad nacional. Es decir, las autoridades integrantes del Consejo de Seguridad Nacional, el Centro Nacional de Inteligencia, el Grupo de Alto Nivel de Seguridad, el Grupo de Coordinación Operativa, las Secretarías de Estado de forma individual, incluida la Comisión Bicameral de Seguridad Nacional, entre otras, no ejercen de forma permanente acciones o actividades de seguridad nacional que deban ser tratadas con reserva y confidencialidad o que se consideren como motivo justificado para restringir el ejercicio de ciertos derechos humanos. Esto es así, en tanto que existe un criterio formal y uno material.

Al respecto, el Tribunal Pleno estableció en la resolución del recurso de revisión en materia de seguridad nacional 26/2021, que no todos los actos de las instancias de seguridad nacional —en ese caso la Unidad de Inteligencia Financiera—, pueden ser clasificados como reservados por ser actos de esa naturaleza, en tanto que debe valorarse caso por caso si la información en cuestión es o no de seguridad nacional. Al respecto, valoró lo siguiente:

> 72. En ese sentido, resultan infundados lo agravios expuestos y, consecuentemente, debe confirmarse el fallo recurrido; al efecto, su estudio se dividirá en dos apartados:
>
> I. Determinar si la UIF es una instancia de seguridad nacional y, por lo tanto, toda la información que se obtiene mediante el despliegue de

> sus funciones debe ser considerada como reservada por esa razón —argumento institucional—; y,
>
> II. Si la información solicitada atañe a las actividades de inteligencia o contrainteligencia en materia de seguridad nacional, tendientes a la prevención y combate al terrorismo o la delincuencia organizada —argumento material—.
>
> (...)
>
> 89. A la luz de las anteriores consideraciones, el argumento de la autoridad recurrente consistente en que la UIF forma parte de las instancias de seguridad nacional, no constituye una razón válida ni suficiente para justificar tal reserva. Como se ha razonado, ello debe atender más bien a la naturaleza o características de la información que se pretende reservar al amparo de la seguridad nacional —y no meramente a las funciones que realice el órgano que cuenta con ella—.
>
> 90. En suma, con independencia de que la UIF sea considerada como una instancia de seguridad nacional, para determinar que la información relacionada con la contratación del programa "Pegasus", deba ser clasificada como reservada, se tiene que evaluar: (i) la naturaleza del perjuicio concreto en materia de seguridad nacional, referido por la autoridad recurrente; (ii) La probabilidad de que ocurra; (iii) En su caso, el interés público en que se divulgue la información.[90]

De lo anterior, se puede desprender que, si bien existen diversas autoridades e instancias encargadas de la seguridad nacional, éstas no siempre llevan a cabo funciones de seguridad nacional. Tal y como lo indica el precedente referido, un primer análisis conlleva la denominación o nomenclatura de la autoridad, en cuanto a si se trata o no de una instancia de seguridad nacional así reconocida por la Ley. La Suprema Corte de Justicia de la Nación denominó este argumento como institucional, el cual no es suficiente para concluir que todas las actividades que realiza tienen esa naturaleza y, por lo tanto, son motivo para justificar la limitación a un derecho humano. Para ello, es necesario que las actividades en cuestión efectivamente se encuentren destinadas a la seguridad nacional, en cualquiera de las expresiones normativas a las que hace referencia la Ley de la materia. A esta valoración, la Corte la denominó el argumento material.

---

[90] Suprema Corte de Justicia de la Nación, Recurso de Revisión en Materia de Seguridad Nacional 26/2021, de 6 de febrero de 2024, disponible en: https://www2.scjn.gob.mx/ConsultasTematica/Detalle/290590

Para efectos de ejemplificar lo anterior, mediante las Bases de Colaboración que en el marco de la Ley de Seguridad Nacional celebran la Secretaría de Gobernación y la Secretaría de Hacienda y Crédito Público,[91] se reconoció la necesidad de que se realizaran los actos jurídicos necesarios por parte del Consejo de Seguridad Nacional, con las dependencias y entidades de la administración pública federal, para el efecto de otorgar el reconocimiento de instancias de seguridad nacional a sus unidades administrativas, cuando por la naturaleza de sus atribuciones atendieran temas de seguridad nacional. Derivado de lo anterior, se reconocieron como instancias de seguridad nacional: la oficina del Secretario del Despacho, Subsecretaría de Hacienda y Crédito Público y unidades administrativas, la Unidad de Inteligencia Financiera y la Procuraduría Fiscal de la Federación.

De esto es posible advertir que diversas unidades administrativas de la Secretaría de Hacienda y Crédito Público son instancias de seguridad nacional. En el caso en particular de la Unidad de Inteligencia Financiera, esta resulta esencial para la prevención de operaciones con recursos de procedencia ilícita y operaciones de financiamiento al terrorismo que, en determinadas circunstancias, podría tener un vínculo con la seguridad nacional. No obstante, sería ilógico suponer que cada una de sus actividades se encuentran dentro del contexto de seguridad nacional y que, como consecuencia de ello, se reserve la información respectiva. Lo destacamos así, precisamente porque ese fue el argumento de la Consejería Jurídica de la Presidencia de la República en el recurso de revisión arriba citado y concluye estableciendo que:

> (...) la actualización de las hipótesis de reserva por materia de seguridad nacional, no pueden fundamentarse en el simple hecho de que el sujeto obligado cuente con facultades relacionadas con la seguridad nacional. Es decir, tal reserva no puede generarse por una mera conexión funcional u orgánica del sujeto obligado, sino por la existencia de elementos objetivos que permitan determinar si, con la difusión de la información solicitada, se causaría un daño presente, probable y específico a la seguridad nacional.[92]

---

91 Cfr. 6.

92 Cfr. Nota 10.

De forma consecuente, en el caso referido se determinó que la información relacionada con las contrataciones del software Pegasus debería ser entregada en versión pública al solicitante, bajo la consideración, se reitera, de que no porque el sujeto obligado o autoridad sea reconocida como instancia de seguridad nacional, la totalidad de sus actuaciones revisten ese carácter. Complementa lo anterior lo expuesto en el recurso de revisión en materia de seguridad nacional 1/2016, en el que la Suprema Corte de Justicia de la Nación dijo, en relación al CISEN como instancia de seguridad nacional, que "lo que es cierto es que no toda la información acerca de la actividad del Centro relacionada con la intervención de comunicaciones privadas debe ser considerada como reservada por parte de la Ley de Seguridad Nacional".[93] O, en su caso, lo previsto en la acción de inconstitucionalidad 6/2018 en la que el Tribunal Pleno estableció que:

> (...) es necesario distinguir entre las Secretarías de Defensa y de Marina como departamentos administrativos de la Administración Pública Federal que pueden realizar tareas que no son militares, como la protección civil en casos de desastre o la regulación de licencia de portación de armas de fuego y de las Fuerzas Armadas, que como cuerpos militares cuentan con sus propias leyes orgánicas.[94]

Abona a lo anterior lo establecido por la Suprema Corte de Justicia de la Nación en el recurso de revisión en materia de seguridad nacional 18/2021, con relación a las funciones y naturaleza del Consejo de Seguridad Nacional:

> Si bien el Consejo es una instancia deliberativa cuya finalidad es establecer la política en la materia y, por tanto, las acciones que guíen los procesos de clasificación de información que amerite contar con el carácter de seguridad nacional, lo cierto es que, para determinar dicha condición, no es factible atender a dicha disposición de manera automática pues, se insiste, para ello tendrá que analizarse en cada caso, la información relati-

93 Suprema Corte de Justicia de la Nación, Recurso de Revisión en Materia de Seguridad Nacional 1/2016, de 5 de diciembre de 2016, disponible en: https://www2.scjn.gob.mx/ConsultasTematica/Detalle/202248

94 Suprema Corte de Justicia de la Nación, Acción de Inconstitucionalidad 6/2018, 15 de noviembre de 2018, disponible en: https://www2.scjn.gob.mx/ConsultasTematica/Detalle/229953

> va, para determinar si existe o no una excepcionalidad en su divulgación que se relacione con la seguridad nacional.[95]

Con esto se quiere insistir en que no es la naturaleza de la institución, entidad o instancia lo que hace que una acción determinada pueda ser considerada de seguridad nacional, sino la naturaleza de la función ejercida, concatenada con las causas, fundamentos y motivación jurídica, lo que eventualmente hace que cierta conducta o ejercicio de una competencia en particular, sea estimada como de seguridad nacional.

D) CONSEJO DE SALUBRIDAD GENERAL

El Consejo de Salubridad General es una autoridad de seguridad nacional, en función del contexto específico en el que despliegue sus facultades y, de manera particular, tratándose de epidemias o enfermedades exóticas. Al respecto, el artículo 73, fracción XVI, de la Constitución, en la parte que interesa, establece que el Consejo de Salubridad dependerá directamente del Presidente de la República y sus disposiciones generales serán obligatorias en el país. Asimismo, en caso de epidemias de carácter grave o peligro de invasión de enfermedades exóticas en el país, la Secretaría de Salud tendrá la obligación de dictar medidas preventivas indispensables, que posteriormente serán sancionadas por el Presidente de la República. Por su parte, la Ley General de Salud establece la conformación del Consejo y, de manera específica, en su artículo 17 dispone:

> Artículo 17.– Compete al Consejo de Salubridad General:
> (…)
> III. Aprobar y publicar en el Diario Oficial de la Federación, la declaratoria de emergencia y demás acuerdos que coadyuven con la Secretaría de Salud a instrumentar acciones necesarias para enfrentar circunstancias epidemiológicas extraordinarias en el país o emergencia causada por deterioro súbito del ambiente que ponga en peligro inminente a la población;

---

[95] Suprema Corte de Justicia de la Nación, Recurso de Revisión en Materia de Seguridad Nacional 18/2021, de 5 de septiembre de 2023, disponible en: https://www2.scjn.gob.mx/ConsultasTematica/Resultados/-0-0-102-18-2021

> IV. Aprobar y publicar en el Diario Oficial de la Federación, la declaratoria en los casos de enfermedades graves que sean causa de emergencia o atenten contra la seguridad nacional, en la que se justifique la necesidad de atención prioritaria;
> V. Aprobar los acuerdos necesarios y demás disposiciones generales de observancia obligatoria en el país en materia de salubridad general, dentro del ámbito de su competencia;
> (…).

De tal forma que el Consejo de Salubridad General se constituye como una autoridad en materia de seguridad nacional, en el contexto de la valoración que pueda realizar en torno a enfermedades graves que sean causa de emergencia y que pongan en peligro inminente a la población, lo que podría, en su caso, atentar en contra de la seguridad nacional. Si bien se entiende que es una más de las materializaciones de la función presidencial de "preservar" la seguridad nacional, en este caso, es por conducto de un consejo especializado en la materia y con reconocimiento a nivel constitucional.

Por otra parte, es necesario traer a colación los "Lineamientos Generales en materia de Clasificación y Desclasificación de la Información, así como para la elaboración de Versiones Públicas",[96] en los que se establece de manera expresa en su artículo décimo séptimo, como causal de reserva, que aquella información que obstaculice o bloquee acciones tendientes a prevenir o combatir epidemias o enfermedades exóticas en el país puede actualizar o potencializar un riesgo o amenaza a la seguridad nacional. Siendo así, se complementa la actuación del Consejo de Salubridad por cuanto hace a la declaratoria de emergencia o de enfermedades graves, respecto a la restricción o limitación del ejercicio del derecho de acceso a la información, dado que el ordenamiento jurídico reconoce a la instancia encargada de hacer frente a cualquier amenaza en materia de salud y salubridad. Por esta razón, se prevé que las acciones desplegadas en ejercicio de esas funciones podrían, a su vez, poner en peligro

---

[96] Lineamientos Generales en materia de Clasificación y Desclasificación de la Información, así como para la elaboración de Versiones Públicas, publicado en el Diario Oficial de la Federación el 15 de abril de 2016 (última reforma del 18 de noviembre de 2022), disponible en: https://www.dof.gob.mx/nota_detalle.php?codigo=5671860&fecha=18/11/2022#gsc.tab=0

la seguridad nacional. Con esto, el combate a las epidemias y enfermedades exóticas, que, no obstante, no se encuentra de manera expresa en la Ley de Seguridad Nacional, se convierte en una acción destinada a mantener la integridad, permanencia y estabilidad del Estado mexicano.

Por su parte, destaca que el Reglamento del Consejo de Salubridad General,[97] en su artículo 6, fracción III, prevé como una atribución adicional del Consejo "emitir opinión, a propuesta de la persona titular de la Secretaría del Consejo, sobre la concesión de licencias de utilidad pública por causa de emergencia sanitaria, que le sean requeridas por el Instituto Mexicano de la Propiedad Industrial". Esta facultad no implica que sea el Consejo en sí mismo el que autorice la concesión de licencias de utilidad pública, sino que, en su caso, se pronunciará sobre su pertinencia. Ahora, en términos del artículo 153 de la Ley Federal de Protección a la Propiedad Industrial, se establece que el Instituto determinará que la explotación de ciertas patentes se haga mediante la concesión de licencias de utilidad pública por causas de emergencia o seguridad nacional, cuando de no hacerlo así, se impida, entorpezca o encarezca la provisión de medicamentos para la población. Lo aquí expuesto hace del Instituto Mexicano de la Propiedad Industrial una instancia de seguridad nacional.

En el contexto de la pandemia por el virus SARS-CoV2 (COVID-19), el Gobierno mexicano se vio en la necesidad de recurrir al uso de diversas atribuciones con el propósito de dotar de legalidad a las actuaciones preventivas, de atención y remediación, dada la excepcionalidad de la circunstancia que se vivió. De ello, el 23 de marzo de 2020, el Consejo de Salubridad General, en uso de las facultades que de manera expresa le otorga el artículo 73, fracción XVI, de la Constitución, emitió el Acuerdo por el que se reconocía la epidemia de enfermedad por el COVID-19 en México, como una enfermedad

97 Reglamento del Consejo de Salubridad General, publicado en el Diario Oficial de la Federación el 13 de diciembre de 2023, disponible en: https://www.dof.gob.mx/nota_detalle.php?codigo=5711276&fecha=13/12/2023#gsc.tab=0 Este reglamento en esencia organiza la operación del Consejo de Salubridad General, al establecer su integración y funciones.

grave de atención prioritaria.[98] Por su parte, el 24 de marzo de 2020, el Secretario de Salud emitió el Acuerdo por el que se establecieron medidas preventivas,[99] que por disposición del propio documento, fueron vinculantes para los tres órdenes de gobierno, así como para las autoridades civiles, militares y particulares. En dicho acuerdo se estableció, entre otras cosas, la "jornada nacional de sana distancia", se dispuso la prohibición de asistir a centros de trabajo, espacios públicos o lugares concurridos, se suspendieron las actividades escolares, así como las funciones no esenciales.

Por su parte, el día 27 de marzo de 2020,[100] el Presidente de la República y el Secretario de Salud, en ejercicio de las facultades a las que hace mención la Ley General de Salud en relación a la "Acción extraordinaria en materia de salubridad general", decretaron diversas acciones con la finalidad de combatir con atención prioritaria los efectos de la pandemia provocada por el SARS CoV-2. De manera particular, en este Decreto se determinó que la Secretaría de Salud podría adquirir todos los bienes y servicios necesarios para esa finalidad, sin necesidad de llevar a cabo el procedimiento de licitación pública; importar y autorizar la importación de insumos esenciales para la salud, sin trámite administrativo alguno; así como llevar a cabo medidas necesarias para evitar la especulación de precios y el acopio de insumos esenciales.

---

98 Acuerdo por el que el Consejo de Salubridad General reconoce la epidemia de enfermedad por el virus SARS -CoV2 (COVID-19) en México, como una enfermedad grave de atención prioritaria, así como se establecen actividades de preparación y respuesta ante dicha epidemia. Diario Oficial de la Federación, 23 de marzo de 2020, disponible en: https://www.dof.gob.mx/nota_detalle.php?codigo=5590161&fecha=23/03/2020#gsc.tab=0

99 Acuerdo por el que se establecen las medidas preventivas que se deberán implementar para la mitigación y control de los riesgos para la salud que implica la enfermedad por el virus SARS-CoV2 (COVID-19), Diario Oficial de la Federación, 24 de marzo de 2020, disponible en: https://www.dof.gob.mx/nota_detalle.php?codigo=5590339&fecha=24/03/2020#gsc.tab=0

100 Decreto por el que se declaran acciones extraordinarias en las regiones afectadas de todo el territorio nacional en materia de salubridad general para combatir la enfermedad grave de atención prioritaria generada por el virus SARS-CoV2 (COVID-19), Diario Oficial de la Federación, 27 de marzo de 2020, disponible en: https://www.dof.gob.mx/nota_detalle.php?codigo=5590673&fecha=27/03/2020#gsc.tab=0

Después de casi tres años y tras una serie de acciones, acuerdos y decretos, el 9 de mayo de 2023,[101] el Presidente de la República, junto con el Secretario de Salud, emitieron el Acuerdo por el que se declaró terminada la acción extraordinaria en materia de salubridad general que tuvo por objeto prevenir, controlar y mitigar la enfermedad causada por el virus SARS-CoV2, en donde se determinó que las autoridades del sector salud habrían de continuar con las acciones necesarias para continuar con la Política Nacional de Vacunación, así como también se autorizaron diversas acciones vinculadas con la protección de la salud de la población mexicana.

Se trató, sin lugar a duda, de tiempos extraordinarios que pusieron a prueba a nuestras instituciones. La valoración sobre su efectividad, eficiencia y eficacia, así como la garantía del derecho humano a la salud, queda para otro espacio y otro tiempo. Aun así, es relevante observar la manera en que se desplegaron las diversas instancias en materia de salubridad y la forma en que operaron los órdenes de gobierno en ejercicio de las facultades para hacer frente a una amenaza en contra de la seguridad nacional.

Para concluir, cabe hacer mención que, en diversas ocasiones, ciudadanos solicitaron información a las autoridades del sector salud sobre cuestiones relacionadas con la pandemia y el manejo de recursos económicos, autorizaciones sanitarias, licencias de utilidad pública, entre otras. Si bien se revisará con detalle en el apartado de este ensayo dedicado a analizar el control que ha ejercido la Suprema Corte de Justicia de la Nación en materia de seguridad nacional, es relevante mencionar que fueron interpuestos dieciséis recursos de revisión en materia de seguridad nacional por parte de la Consejería Jurídica de Presidencia de la República, relacionadas con cláusulas económicas y/o comprobantes de los contratos de compraventa de vacunas, mientras que nueve recursos estuvieron vinculados con autorizaciones sanitarias de vacunas. En el primer caso, mediante la resolución del expediente 3/2021 se determinó que:

---

101 Decreto por el que se declara terminada la acción extraordinaria en materia de salubridad general que tuvo por objeto prevenir, controlar y mitigar la enfermedad causada por el virus SARS-CoV-2 (COVID-19), Diario Oficial de la Federación, 9 de mayo de 2023, disponible en: https://www.dof.gob.mx/nota_detalle.php?codigo=5688265&fecha=09/05/2023#gsc.tab=0

> 79. (…), esta Suprema Corte advierte que la divulgación de la información vinculada con las condiciones esenciales de contratación sin duda puede generar un afectación a la seguridad nacional, dado que aquella generada a propósito de la ejecución de los contratos, como son: precios, costos, detalles y calidad del producto, entregas, garantías, pedidos, facturación, pagos, consecuencias de incumplimiento, propiedad intelectual y responsabilidad, puede poner en entredicho el suministro de vacunas, al ocurrir una causa de terminación de los contratos con las farmacéuticas; que, en este momento, es base fundamental para el éxito de la Estrategia Nacional de Vacunación emprendida por el Gobierno Federal en el actual contexto de la pandemia del COVID-19, por lo que es razonable que se limite temporalmente el acceso a esta información.[102]

En torno a la información vinculada con las autorizaciones para el uso de emergencia de vacunas otorgadas por la Comisión Federal para la Protección contra Riesgos Sanitarios, la Suprema Corte de Justicia de la Nación, en el expediente relativo al recurso de revisión en materia de seguridad nacional 24/2021, resolvió:

> 65. (…), es claro que el difundir información relacionada al procedimiento para la autorización para el uso de emergencia de las vacunas, lejos de causar una afectación a la seguridad nacional, contribuye a consolidar ejercicios democráticos en la ciudadanía, genera confianza en la población que va a ser inmunizada y, entre otras cosas, permite conocer la eficacia de los procesos de autorización para las vacunas.
>
> 66. Esto es así, porque si bien la recurrente sostiene que el conocimiento de las autorizaciones de emergencia podría afectar la estrategia de vacunación porque podrían realizarse actos tendentes a destruir o inhabilitar la infraestructura de carácter estratégico o indispensable para la provisión de bienes o servicios; en ningún momento señala o refiere con base en qué aspectos el conocimiento de que el Estado ha dado su autorización para el uso de ciertas vacunas, puede afectar su provisión o generar una inhabilitación de la infraestructura estratégica.[103]

Siendo así, se puede observar la manera en que la Suprema Corte de Justicia de la Nación resolvió sobre el ejercicio de las facultades

---

[102] Suprema Corte de Justicia de la Nación, Recurso de Revisión en Materia de Seguridad Nacional 3/2021, de 16 de mayo de 2022, disponible en: https://www2.scjn.gob.mx/ConsultasTematica/Detalle/284652

[103] Suprema Corte de Justicia de la Nación, Recurso de Revisión en Materia de Seguridad Nacional 24/2021, de 5 de septiembre de 2023, disponible en: https://www2.scjn.gob.mx/ConsultasTematica/Detalle/289278

ejercidas por el Presidente de la República, el Consejo de Salubridad y la Secretaría de Salud, respecto a las acciones extraordinarias en materia de salubridad general para contener los efectos de la pandemia por COVID-19. Es destacable que, en el caso de las cláusulas económicas de los contratos de compraventa, estimó que, de dar a conocer esa información, se podría poner en riesgo la provisión de vacunas y, por lo tanto, la estrategia nacional de vacunación, con el perjuicio consecuente para la población mexicana, haciendo de ello una cuestión de seguridad nacional. Por su parte, y en sentido contrario, por cuanto hace a las autorizaciones sanitarias, determinó que no ponían en riesgo la seguridad nacional, sino que, por el contrario, se trata de un derecho de la sociedad conocer las circunstancias técnicas y médicas a partir de las que se autorizó el uso de una vacuna. Se trata, en suma, del último eslabón de la cadena en cuanto al procesamiento de decisiones que potencialmente impactan a la seguridad nacional y en esencia, son ponderaciones de derecho que buscan equilibrar dos principios constitucionales: la seguridad nacional y la máxima publicidad.

E) COMPETENCIA PROGRAMÁTICA

Como parte de las facultades del Poder Ejecutivo Federal, ya sea que las ejerza directamente el Presidente de la República o por medio del Consejo de Seguridad Nacional o diversas dependencias de Estado, se encuentran aquellas relacionadas con el establecimiento de políticas generales, programas, planes, estrategias, entre otros documentos, que tienen como finalidad establecer y definir los lineamientos de actuación en materia de seguridad nacional, así como perfilar los principios y prioridades a partir de los que diversas autoridades llevarán a cabo el ejercicio de sus competencias. Para estos efectos, se revisarán en este apartado el Plan Nacional de Desarrollo 2019-2024, la Estrategia Nacional de Seguridad Pública del Gobierno de la República, el Programa Sectorial de Seguridad y Protección Ciudadana 2020-2024 y el Programa para la Seguridad Nacional 2014-2018. En cada caso, se hará referencia únicamente a los temas directamente relacionados con la seguridad nacional, ya que se trata de la forma en que el Ejecutivo Federal materializa el ejercicio de la facultad constitucional de preservarla.

El Plan Nacional de Desarrollo se encuentra previsto en diversas disposiciones de la Constitución Política y de manera destacada, en su artículo 26, se dispone que "habrá un plan nacional de desarrollo al que se sujetarán obligatoriamente los programas de la administración pública federal". Esto significa, en principio, que lo previsto por este documento programático es vinculante para la administración pública federal centralizada y paraestatal, por medio del sistema nacional de planeación democrática. Por otro lado, a partir de la reforma constitucional de 10 de febrero de 2014, se dispuso que la Cámara de Diputados deberá aprobar el Plan en los plazos que establezca la Ley de Planeación. Para tal efecto, se dispone que el Presidente lo deberá enviar a más tardar el último día hábil de febrero del año siguiente a su toma de posesión y la Cámara tendrá un plazo no mayor a dos meses para su aprobación. El Plan Nacional de Desarrollo 2019-2024,[104] dispone de manera textual, que:

> El Ejecutivo Federal ha emprendido un cambio de paradigma en materia de seguridad nacional y seguridad pública. Entre 2006 y 2018 los gobernantes pretendieron resolver la inseguridad y la violencia delictiva mediante acciones de fuerza militar y policial y el llamado "populismo penal", consistente en endurecer los castigos a las acciones delictivas.[105]

Más allá del derrotero que tomó la militarización de la seguridad pública respecto a lo proyectado en el Plan Nacional de Desarrollo por esa administración, es interesante anotar que la propuesta esencial del Presidente se centró en cambiar el paradigma o, dicho de otra forma, modificar las bases conceptuales de la seguridad nacional.

Asimismo, al tratarse de un documento programático y, por lo tanto, genérico, las referencias a la seguridad nacional son igualmente abstractas. Dice, entre otras cosas, que el "Gobierno de México entiende la seguridad nacional como una condición indispensable

---

[104] Plan Nacional de Desarrollo, 2019-2024, Diario Oficial de la Federación, 12 de julio de 2019, disponible en: https://www.dof.gob.mx/nota_detalle.php?codigo=5565599&fecha=12/07/2019#gsc.tab=0

[105] *Ídem.*

para garantizar la integridad y soberanía nacionales, libres de amenazas al Estado, a fin de construir una paz duradera y fructífera",[106] para lo cual, se propuso alcanzar diversos objetivos estratégicos, dentro de los que destacan el establecimiento de un sistema nacional de inteligencia, la actualización del catálogo de instalaciones estratégicas, el fortalecimiento de la seguridad interior, el mejoramiento de capacidades de investigación científicas y la construcción de las bases para la creación de un documento único de identificación nacional biometrizado.

Por otro lado, los artículos 69 y 76 de la Constitución Política establecen que el Presidente de la República deberá presentar en el primer año de su mandato, y en la apertura del segundo periodo ordinario de sesiones del Congreso de la Unión, la Estrategia Nacional de Seguridad Pública ante la Cámara de Senadores para su aprobación exclusiva,[107] e informará anualmente sobre el estado que guarde. Destaca que, si bien la Estrategia no la elabora el Consejo de Seguridad Nacional, sino el titular de la Secretaría de Seguridad y Protección Ciudadana, quien funge como Secretario Ejecutivo del Consejo de Seguridad Nacional, contiene un amplio apartado en la materia. Al ser analizada y aprobada por el Senado de la República, se convierte en un mecanismo de control por parte del Poder Legislativo.

Concretamente, la Estrategia permite observar la manera en que el gobierno del Presidente Andrés Manuel López Obrador concibió la seguridad nacional y la forma en que buscó orientar sus acciones. Este documento parte de la premisa de la necesidad de reformular los paradigmas de seguridad nacional, interior y pública, que permitieran integrar estrategias de "recuperación de la paz, restablecimiento de la seguridad pública, prevención del delito, procuración e impartición de justicia, restablecimiento del estado de derecho y reinserción de infractores".[108] Asimismo, y con el propósito de refle-

---

106 *Ídem.*

107 Decreto por el que se aprueba la Estrategia Nacional de Seguridad Pública del Gobierno de la República, Diario Oficial de la Federación, 16 de mayo de 2019, disponible en: https://www.dof.gob.mx/nota_detalle.php?codigo=5560463&fecha=16/05/2019#gsc.tab=0

108 *Ídem.*

jar con precisión la intencionalidad del documento que se comenta, así como la visualización de la seguridad nacional por parte del Gobierno Federal, se cita en extenso y de manera textual, lo siguiente:

> (...) la seguridad nacional implica la gestión del bienestar colectivo, el pleno ejercicio de las libertades cívicas y el establecimiento de condiciones de justicia, paz y seguridad, que propicien la prosperidad y el desarrollo sostenible para la nación.
>
> México, al ser uno de los países con mayor extensión territorial y undécimo más poblado del mundo, se encuentra expuesto a múltiples riesgos y amenazas, como puede ser entre otros, los flujos migratorios descontrolados, crimen organizado, corrupción gubernamental, cambio climático, fenómenos perturbadores, colapso de instalaciones estratégicas o de infraestructura crítica de la información y problemas de frontera norte y sur.
>
> (...) la "guerra contra las drogas" ha escalado el problema de salud pública que representan sin duda las sustancias prohibidas hasta convertirlo en un asunto de seguridad pública, en el fortalecimiento de los grupos delictivos dedicados a la producción y trasiego de estupefacientes, en una violencia ya intolerable y en un problema de seguridad nacional, en la medida en que la presencia financiera, el poder de fuego, la capacidad operativa y la internacionalización de los cárteles se ha incrementado de manera sostenida.
>
> (...) México no enfrenta amenazas militares externas: un conflicto armado con Estados Unidos es difícilmente imaginable en el contexto actual y, de ocurrir, no podría dirimirse por medios militares convencionales, dada la evidente asimetría de recursos. La misma situación de la frontera Norte (sic) se presenta, a la inversa, con los países del Sur (sic): no hay diferendo histórico ni causa circunstancial en el horizonte para que inicie una guerra con ellos. A diferencia de lo que ocurre en casi todas las naciones hermanas de Sudamérica, la nuestra no tiene disputas territoriales vigentes con ninguno de sus vecinos inmediatos.[109]

De estas referencias, se desprende la visión que el Gobierno Federal, durante el sexenio 2018-2024, sostuvo sobre la seguridad nacional y que, en esencia, puede resumirse de la siguiente manera: ante la estabilidad exterior del Estado mexicano y la baja probabilidad de un conflicto armado internacional, es que la seguridad nacional debe mirar hacia el interior de nuestras fronteras, y dirigir sus prioridades y acciones a eventos domésticos tales como el narcotráfico,

---

[109] *Ídem.*

operaciones con recursos de procedencia ilícita, reinserción social, flujos migratorios, desarrollo social, corrupción, fenómenos perturbadores, entre otros.

Es relevante precisar que se trata de cuestiones de la mayor importancia y trascendencia, no obstante, es importante valorar su pertenencia material a la seguridad nacional. Es decir, qué se encuentra y qué no dentro del ámbito de actuación de la seguridad nacional, con la finalidad de dotar de legalidad a las actuaciones de las autoridades competentes, pero, sobre todo, con el propósito de evitar abusos y violaciones a derechos humanos, así como la utilización desmedida y desproporcionada de las fuerzas armadas permanentes en tareas de seguridad pública y funciones de policía.

Es notable que la visión de la seguridad nacional del gobierno federal se confunde y mezcla con cuestiones que son propias de la seguridad pública, o bien, que no son consecuentes con lo que establecen de manera concreta los artículos 3 y 5 de la Ley de Seguridad Nacional, respecto a las acciones para preservar la integridad, estabilidad y permanencia del Estado mexicano.

De dicha conceptualización de la seguridad nacional, es decir, de su mirada hacia el interior según el Plan Nacional de Desarrollo, enfatizado en la Estrategia Nacional de Seguridad Pública, es que el Gobierno Federal estableció dos nuevas instituciones encargadas en la materia. En primera instancia, tal y como lo refiere en la Estrategia que aquí se comenta, a la Secretaría de Seguridad y Protección Ciudadana se le transfirieron como consecuencia de la reforma a la Ley Orgánica de la Administración Pública Federal, la totalidad de las atribuciones conferidas a la Secretaría de Gobernación en materia de seguridad pública y seguridad nacional. De la misma forma, indica el documento que:

> (…) sin abandonar sus misiones constitucionales de velar por la seguridad nacional y la integridad territorial del país incluidos su espacio aéreo y el mar patrimonial, la preservación de la soberanía nacional y la asistencia a la población en casos de desastre, nuestras Fuerzas Armadas participen en la construcción de la paz por medio de un papel protagónico en la formación, estructuración y capacitación de la Guardia Nacional.[110]

110 *Ídem.*

De esto se evidencia que el Gobierno federal buscó modificar las premisas esenciales de la seguridad nacional, disponiendo del concepto al ampliar sus bases conceptuales y elementos fácticos que lo constituyen, al establecer que sus acciones prioritarias estarían encaminadas a atender cuestiones propias de la seguridad pública, y como instrumento institucional para ejecutar las acciones que tiendan a su preservación, se involucró a las Fuerzas Armadas Permanentes, por medio de la Guardia Nacional.

Por otro lado, con relación a los planes, programas y estrategias emitidas por la administración pública federal durante el sexenio 2018-2024, por medio de los que se definieron elementos esenciales de la seguridad nacional y se perfilaron sus prioridades, se encuentra el Programa Sectorial de Seguridad y Protección Ciudadana,[111] que deriva directamente del Plan Nacional de Desarrollo ya referido, emitido por la Secretaría de Seguridad y Protección Ciudadana. En este programa se dispone que la seguridad pública es un componente de la seguridad nacional, dado que se trata de materias interdependientes y complementarias. Reitera que la mayor amenaza a la seguridad nacional es la inseguridad pública. Si bien la estrategia no abunda de forma directa en la seguridad nacional, es importante su referencia, en tanto que reitera el vínculo y confusión entre seguridad nacional y pública.

Por último, aunque en términos de la Ley de Seguridad Nacional corresponde al Secretario Técnico del Consejo proponer a éste el Programa para la Seguridad Nacional, no existe evidencia de que durante el sexenio 2018-2024 se haya expedido tal programa. El último documento así denominado fue publicado en el Diario Oficial de la Federación el 30 de abril de 2014.[112] Si bien sería interesante referir a su contenido para efectos de un análisis de contraste entre dos administraciones, se trata de un documento obsoleto en tanto que su vigencia y utilidad, así como sus premisas y objetivos, perdió

---

111 Programa Sectorial de Seguridad y Protección Ciudadana 2020-2024, Diario Oficial de la Federación, 2 de julio de 2020, disponible en: https://dof.gob.mx/nota_detalle.php?codigo=5596028&fecha=02/07/2020#gsc.tab=0

112 Programa para la Seguridad Nacional, Diario Oficial de la Federación, 30 de abril de 2014, disponible en: https://www.dof.gob.mx/nota_detalle.php?codigo=5342824&fecha=30/04/2014#gsc.tab=0

vigencia el 1° de diciembre de 2018. Simplemente de forma ilustrativa, se rescata que el Programa de 2014 resalta el desafío de garantizar la seguridad interior y reducir los niveles de violencia.

En ese sentido, el Programa para la Seguridad Nacional tiene como una de sus finalidades fortalecer la democracia y la seguridad interior en el país. De tal forma, precisa el documento en cuestión que "la actuación del crimen organizado en ciertas regiones de nuestro país dejó de ser un fenómeno vinculado con el mantenimiento de la seguridad pública, para convertirse en un tema de seguridad interior",[113] en la que participan de forma activa las fuerzas armadas. De ello, es que la seguridad interior se define como "una función política que, al garantizar el orden constitucional y la gobernabilidad democrática, sienta las bases para el desarrollo económico, social y cultural de nuestro país, permitiendo así el mejoramiento de las condiciones de vida de la población".[114] Para lo cual, se reitera, consideró necesario desplegar a las fuerzas armadas.

Siendo así, puede desprenderse que la utilización de diversas acepciones de seguridad, como nacional, pública e interior, ha tenido como finalidad reiterada utilizar a las fuerzas armadas, cuya esencia en términos de la Constitución estaría vinculada a la seguridad nacional, en funciones y operaciones propias de la seguridad pública.

De esta forma, es posible observar que existe una intención sostenida de modificar las premisas esenciales de la seguridad nacional, para convertirlo en un concepto de mayor ejecutividad con relación a temas de seguridad pública. Sobre esto, es que es fundamental para nuestra democracia constitucional fortalecer los mecanismos de control en la materia que, en sede administrativa, le corresponde al Instituto Nacional de Transparencia, Acceso a la Información y Protección de Datos Personales (INAI) y, en última instancia, a la Suprema Corte de Justicia de la Nación. Temas que serán abordados en los siguientes apartados.

---

113 *Ídem.*

114 *Ídem.*

V. CONTROL ADMINISTRATIVO - INSTITUTO NACIONAL DE TRANSPARENCIA, ACCESO A LA INFORMACIÓN Y PROTECCIÓN DE DATOS PERSONALES

A) AUTONOMÍA CONSTITUCIONAL

Con la reforma a la Constitución de febrero de 2014,[115] el órgano del Estado mexicano encargado de la protección, garantía y tutela de los derechos de acceso a la información y protección de datos personales fue elevado al rango de órgano con autonomía constitucional. Este cambio en su naturaleza jurídica lo coloca en un plano de igualdad con los poderes tradicionales del Estado, cuya relación institucional es de coordinación y no de subordinación. Esta característica es, entre otras cosas que se verán a continuación, de enorme relevancia ya que su independencia funcional es condición indispensable para la debida garantía de los derechos humanos y para el cumplimiento de su función de contrapeso institucional y democrático.

La finalidad constitucional del INAI no es otra que la tutela de dos derechos fundamentales. Esa atribución lo convierte, en la expresión de Tushnet,[116] en una institución para la defensa de la democracia. Debe decirse que la autonomía no es un fin en sí mismo, sino que se construye como un medio para la consecución de un propósito acorde con nuestra democracia constitucional. Se convierte, entonces, en el medio por el cual se garantizan dos derechos humanos y, en el caso en particular del derecho de acceso a la información, un

---

115 Decreto por el que se reforman y adicionan diversas disposiciones de la Constitución Política de los Estados Unidos Mexicanos, en materia de transparencia. Diario Oficial de la Federación, 7 de febrero de 2014, disponible en: https://www.dof.gob.mx/nota_detalle.php?codigo=5332003&fecha=07/02/2014#gsc.tab=0

116 Tushnet, Mark, *The New Fourth Branch*, United Kingdom, Cambridge University Press, 2021.

instrumento fundamental y un medio indispensable para el ejercicio de otros derechos, dentro de los que destacan los derechos político-electorales.

De tal forma que este apartado aborda el sistema institucional diseñado por la Constitución como mecanismo integral e integrador para la garantía y tutela de los derechos de acceso a la información y protección de datos personales. Sistema que se compone en una primera instancia por el reconocimiento de dos derechos humanos, seguidos de la garantía institucional compuesta por un órgano nacional y treinta y dos estatales, integrados mediante el Sistema Nacional de Transparencia, como mecanismo articulador. Por otro lado, la arquitectura para la garantía de los derechos en cuestión se complementa con la naturaleza de las resoluciones de los órganos garantes que, en términos del texto del artículo sexto constitucional, son definitivas, vinculantes e inatacables. Esto quiere decir que los sujetos obligados no están en posibilidad de impugnar las resoluciones de los órganos garantes, pues de lo contrario, se perdería la eficacia del derecho.

De manera complementaria pero igualmente relevante, la Constitución dispuso en su artículo 105 que el órgano garante nacional tendría la facultad de promover controversias constitucionales y acciones de inconstitucionalidad. Esta facultad debe ser mirada en perspectiva orgánica. Lo que quiere decir es que dichas facultades son esenciales en la finalidad constitucional de garantizar el efectivo ejercicio de dos derechos humanos. Es así como el órgano garante nacional tiene la potestad (y deber) de defender su nómina competencial cuando estime que alguna norma, acto u omisión vulnera su esfera de atribuciones constitucionales o bien, promover una acción abstracta para el efecto de que el Tribunal Constitucional verifique la regularidad de un acto formal y materialmente legislativo con el potencial de vulnerar los derechos que tutela.

Si bien no es el propósito de este apartado hacer un análisis sobre la autonomía del órgano garante nacional es indispensable referirnos a ella, en tanto que es un elemento esencial para la comprensión de sus resoluciones; así como su influencia en la seguridad nacional, al ser objeto de análisis de este ensayo, en cuanto a límite al ejercicio de los derechos humanos, principio constitucional y facultad del Ejecutivo Federal. Siendo así, para que la función del Estado consistente en garantizar el derecho de acceso a la información pueda materializarse de forma óptima en beneficio de los y las mexicanas, es preciso que sea llevado a cabo por un órgano independiente y sin injerencias ni intervenciones arbitrarias en el ejercicio de sus funciones.

Bajo esa óptica, es relevante referir que no es "autonomía" de la política en abstracto, sino de ciertos procesos políticos. Esto quiere decir que el régimen de autonomía constitucional con que está revestido el INAI le permite tomar decisiones sin injerencias externas. Esto, se insiste, con la única finalidad de garantizar los derechos que tutela. Ahora, para lograr ese propósito, es preciso que exista un espacio material de independencia respecto de diversos ámbitos, como lo es la libertad institucional, para decidir sobre su presupuesto y organización interna y de gestión, así como la garantía de un patrimonio propio. Estas características de la autonomía se podrían denominar formales, en tanto que brindan estabilidad orgánica a la institución y posibilitan su continuidad operativa y jurídica.

El aspecto material o sustantivo de la autonomía, que se relaciona con el ejercicio de sus atribuciones y el cumplimiento de su mandato constitucional, se traduce en su autonomía y competencia técnica y especialización. De dichas cualidades institucionales deriva su legitimidad y es por medio de éstas que se materializa la garantía de los derechos de acceso a la información y protección de datos personales. Es decir, la competencia técnica y el conocimiento especializado son los componentes que hacen que la función en cuestión se haya extraído del ámbito competencial de los poderes tradicionales del Estado. Y es precisamente en ese ámbito sustantivo en donde se debe ejercer la autonomía.

A lo anterior, es preciso agregar que, en cuanto órgano con autonomía constitucional, el INAI es y debe ser imparcial, así como regirse bajo el principio de colegiación. Estas dos características, más bien de tipo instrumental, son fundamentales para la independencia funcional. Si bien la imparcialidad es un principio al que se debe acoger todo servidor público, bajo estándares éticos, administrativos e incluso penales, ésta, junto con la colegiación, son los elementos subjetivos de la autonomía. La colegiación es un principio cuya premisa esencial se satisface en la composición del órgano de gobierno, pero a la par, debe complementarse de una pluralidad de experiencias, disciplinas e incluso equidad, que enriquezcan los procesos deliberativos. Por lo que hace a la imparcialidad, la propia colegialidad es un elemento que permite precisamente conducirse en esa dirección; sobre todo, en los perfiles de las personas que integran el Pleno de la institución. En esa medida, la imparcialidad es un componente prescriptivo e instrumental de la autonomía.

Visto así, la colegialidad es una garantía de la autonomía, en tanto que propende, dada la pluralidad, a generar condiciones de imparcialidad y ésta, a su vez, es una característica intrínseca de la independencia orgánica. Resulta casi tautológico en tanto que toda autoridad pública está llamada a conducirse con imparcialidad. No obstante, en el caso a tratar, es además un elemento que se instrumentaliza en el ejercicio mismo de la autonomía. Visto así, la imparcialidad es una condición adjetiva preexistente a la autonomía. O, dicho de otra forma, sería contradictorio pensar en un órgano autónomo que no fuese imparcial.

Estas breves referencias nos permiten reiterar que la autonomía no debe ser mirada en abstracto como una cualidad constitucional de determinados órganos del Estado, sino que es preciso articularla de manera tal que resulte eficiente y eficaz como medio para garantizar su finalidad constitucional. De ello, es que, para asir la autonomía, más allá de sus generalidad y adjetivación orgánica, es necesario mirar los procesos jurídicos y políticos en los que se debe garantizar precisamente esa independencia.

Naturalmente, el proceso más relevante en el que se debe garantizar la autonomía es en la toma de decisiones sustantivas respecto a los derechos que tutela, en este caso, los derechos de acceso a la información y protección de datos personales, y que se vincula con la capacidad técnica y especialización, que hemos denominado autonomía sustantiva. Ahí es donde se hace relevante el principio de imparcialidad; como una condición que garantiza la independencia de sus decisiones. A su vez, para que esta función esencial sea llevada en los términos previstos por la Constitución, se encuentra la autonomía formal o adjetiva, que se refiere a la garantía institucional en los procesos de asignación del presupuesto de egresos de la federación, así como su organización interna y la capacidad de gestión. Estos últimos son elementos indispensables para la estabilidad de la institución, que permiten su viabilidad jurídica.

Por otro lado, el proceso de nombramiento de las personas integrantes del Pleno, su máximo órgano de gobierno resulta ser de la mayor relevancia. Este proceso es fundamental, ya que de su resultado se garantiza en buena medida la imparcialidad del órgano autónomo. La autonomía como principio rector debe primar en el proceso de nombramiento de comisionados. Si bien la autonomía es una atribución del órgano autónomo, es un principio que debe imperar y ser observado en este proceso como causa esencial de la razón de ser de ese órgano garante. Es decir, los integrantes del Senado de la República, como instancia electiva, deben proteger por mandato constitucional la autonomía del órgano, al elegir a personas que cumplan con el perfil y las cualidades de independencia que requiere, precisamente, el ejercicio autónomo de sus funciones, de manera tal que se garantice de la misma forma la imparcialidad en la toma de decisiones. Es este uno de los procesos en donde mayor cuidado institucional se debe poner para el efecto de garantizar precisamente la autonomía del órgano garante nacional. Pues de este depende, en primera instancia, la garantía institucional de autonomía, así como que el órgano despliegue la totalidad de sus atribuciones constitucionales.

B) CARACTERÍSTICAS DE LAS RESOLUCIONES DEL INAI

La autonomía no es un principio abstracto, sino que debe ser visto en función de los procesos frente a los que se ejerce. Precisamente con el objeto garantizar la autonomía en su toma de decisiones, y con la finalidad de dotar de eficacia al ejercicio de los derechos que tutela el INAI, es que la Constitución estableció que sus resoluciones serán vinculatorias, definitivas e inatacables. Esta última cualidad, inusitada en nuestro sistema jurídico para una autoridad administrativa garante de derechos, tiene como corolario el que los sujetos obligados no estén en posibilidad de controvertir las decisiones del órgano garante nacional. Se trata de un mecanismo institucional de la mayor relevancia que hace efectivo al derecho de acceso a la información y refuerza el principio de máxima publicidad en el quehacer institucional del Estado mexicano.

La inatacabilidad de las resoluciones del INAI como característica intrínseca y cuya finalidad es dotar de eficacia al ejercicio de los derechos que tutela, encuentra dos excepciones. Por un lado, cuando el Poder Ejecutivo Federal, alguna de las Cámaras del Congreso de la Unión u otro órgano con autonomía constitucional, considere que las resoluciones del órgano garante en materia de transparencia generen un conflicto competencial. La segunda excepción se refiere a la atribución conferida en el propio artículo 6° de la Constitución a la Consejería Jurídico del Gobierno Federal para interponer recursos de revisión en materia de seguridad nacional directamente ante la Suprema Corte de Justicia de la Nación, cuando estime que una resolución del Instituto en materia de transparencia puede interferir con el principio de seguridad nacional. Al respecto, el Tribunal Pleno de la Suprema Corte de Justicia de la Nación, en la controversia constitucional 308/2017 resolvió lo siguiente:

> 28. Así, la interpretación armónica de los artículos 6, apartado A, fracción VIII, párrafo séptimo y 105, fracción I, inciso l), constitucionales sugiere que en efecto, las decisiones del órgano garante son vinculantes, definitivas e inatacables para los sujetos obligados, con dos excepciones. La primera se presenta cuando el objeto de la controversia se dirija a dirimir un problema que en materia de transparencia pudiese interferir con la seguridad nacional, y en cuyo caso el único que podrá controvertirlas es el Consejero Jurídico del Ejecutivo Federal. La segunda excepción se presenta cuando el Poder Ejecutivo Federal, alguna de las Cámaras del Congreso de la Unión u otro órgano constitucional autónomo, estimen que las decisiones que en materia de transparencia resuelve el INAI, y que a juicio de los promoventes generan un conflicto con sus respectivos ámbitos competenciales. En estos últimos casos, debe quedar claro que la controversia constitucional procede para proteger el ámbito de atribuciones tutelados por la Constitución y no para resolver directamente un problema de interpretación o aplicación de leyes en materia de transparencia.[117]

Destaca que, en adición al recurso de revisión en materia de seguridad nacional previsto en el texto de la Constitución, la Suprema Corte haya reconocido que diversos órganos del Estado, según lo pre-

---

117 Suprema Corte de Justicia de la Nación, Controversia Constitucional 308/2017, 27 de febrero de 2020, disponible en: https://www2.scjn.gob.mx/ConsultasTematica/Detalle/227920

visto por el artículo 105 constitucional, están facultados para interponer demanda de controversia constitucional cuando consideren que una resolución del INAI afecta su ámbito competencial, sin que ello implique la revisión de la legalidad de sus resoluciones. Al respecto, en el Recurso de Reclamación 150/2019, del índice de la Pleno del Máximo Tribunal, se precisó que "no toda violación constitucional puede analizarse en esta vía, sino sólo las relacionadas con los principios de división de poderes o con la cláusula federal, delimitando el universo de posibles conflictos a los que versen sobre la invasión, vulneración o simplemente afectación a las esferas competenciales trazadas desde el texto constitucional".[118] Es así que esta sede no se encuentra disponible para que los entes legitimados disputen la legalidad de las resoluciones emitidas por el órgano garante, lo que derrotaría el propósito constitucional respecto a la inatacabilidad de sus resoluciones, sino exclusivamente por cuanto hace a una potencial invasión en su esfera competencial.

Sobre este tema, es relevante traer a colación lo resuelto en la controversia constitucional 325/2019, en la que el Tribunal Pleno estimó que:

> (…) se actualiza una de las excepciones a la inatacabilidad de las resoluciones del INAI. La Fiscalía interpuso la presente controversia argumentando que la decisión en materia de transparencia vulnera y afecta el cumplimiento de una de sus principales competencias constitucionales en materia de seguridad pública, esto es, la investigación y persecución de los delitos del orden federal.[119]

Este último es un precedente muy relevante, en tanto que es el primero y único hasta el momento en el que la Suprema Corte de Justicia de la Nación ha declarado la invalidez de una resolución del INAI, en vía de controversia constitucional, por cuestiones relacionadas a invasión de competencias o por razones diversas a la seguridad

---

118 Suprema Corte de Justicia de la Nación, Recurso de Reclamación 150/2019-CA, 3 de diciembre de 2019, disponible en: https://www2.scjn.gob.mx/ConsultasTematica/Detalle/261746

119 Suprema Corte de Justicia de la Nación, Controversia Constitucional 325/2019, 12 de mayo de 2022, disponible en: https://www2.scjn.gob.mx/ConsultasTematica/Detalle/264664

nacional.[120] En este caso estimó que lo ordenado por el órgano garante nacional incidió negativamente en el ejercicio de la esfera competencial constitucional que la Fiscalía General de la República tiene conferida en los artículos 21 y 102 constitucionales,[121] bajo el criterio de que dar a conocer nombres de diversos servidores públicos integrantes de distintas agencias de la FGR, vulneraba su capacidad operativa y, en consecuencia, su facultad de investigar y perseguir delitos, en términos de lo previsto por la Constitución.

Es preciso referir de nueva cuenta que al igual que el resto de los derechos humanos, el de acceso a la información no es absoluto. En el contexto al que hemos hecho referencia, esto es fundamental, ya que esta valoración complementa la excepción al principio de la inatacabilidad de las resoluciones del INAI. Es decir, es posible contestar en sede constitucional una resolución del órgano garante nacional, porque los derechos humanos que tutela no son absolutos y, en su caso, porque tienen el potencial de contraponerse a diversos principios constitucionales.

---

120 Pueden consultarse las resoluciones dictadas en las controversias constitucionales: 340/2019 y 14/2021 interpuestas por la COFECE en contra del INAI, en las que se sobreseyó en el juicio. Asimismo, las controversias constitucionales 357/2019 y 300/2019 interpuestos por el INEGI en contra del INAI, que fueron declaradas procedentes pero infundadas.

121 La información que el INAI ordenó entregar por medio del RR 9481/2019 y que fue motivo de impugnación por parte de la FGR, consistió en: (1) Los nombres de las personas Agentes del Ministerio Público de la Federación adscritas a las áreas señaladas por el particular, dependientes de la Subprocuraduría de Control Regional, Procedimientos Penales y Amparo; la Subprocuraduría Especializada en Investigación de Delitos Federales y, la Subprocuraduría de Derechos Humanos, Prevención del Delito y Servicios a la Comunidad —actualmente Fiscalía Especializada en Materia de Derechos Humanos—. (2) Los cargos de todo el personal operativo/sustantivo adscrito a las tres subprocuradurías mencionadas y a Subprocuraduría Especializada en Investigación de Delincuencia Organizada. (3) Los nombres y cargos del personal administrativo adscrito a la Subprocuraduría Especializada en Investigación de Delincuencia Organizada (SEIDO) y sus unidades dependientes.

C) EXCEPCIONES Y RESTRICCIONES AL EJERCICIO DEL DERECHO DE ACCESO A LA INFORMACIÓN Y AL PRINCIPIO DE MÁXIMA PUBLICIDAD

En ese sentido, toda la información en posesión de cualquier autoridad, así como de cualquier persona que ejerza recursos federales, será pública al amparo del principio de máxima publicidad. No obstante, la información podrá ser reservada de forma temporal por razones de interés público y seguridad nacional. Bajo dicha perspectiva, el artículo 6º de la Constitución delega en el legislador ordinario, bajo el principio de reserva de ley, la especificidad y detalle del desarrollo de las causales que doten de contendido a esa previsión constitucional. Estas excepciones se encuentran previstas en la Ley General de Transparencia y Acceso a la Información Pública, al reconocer la posibilidad de clasificar información como reservada o confidencial, según sea tutelado un bien de carácter público o privado. Al respecto, en la Contradicción de Tesis 56/2011, el Pleno de la Suprema Corte de Justicia de la Nación precisó que:

> Las excepciones deben ser interpretadas restrictivamente, esto es, de manera tal que se favorezca el derecho de acceso a la información, satisfagan un objetivo legítimo y sean necesarias en una sociedad democrática al orientarse a satisfacer un interés público imperativo, cuidando en todo momento que las excepciones no deben convertirse en la práctica en la regla general.[122]

Desde dicha perspectiva, las causales de reserva deben ser interpretadas de forma restrictiva, favoreciendo el principio de máxima publicidad y el derecho de acceso a la información. Por su parte, y en el mismo sentido, la Corte Interamericana de Derechos Humanos estableció en la sentencia del caso *Claude Reyes y otros Vs. Chile*, que:

> 91. (…) las restricciones que se impongan deben ser necesarias en una sociedad democrática, lo que depende de que estén orientadas a satisfacer un interés público imperativo. Entre varias opciones para alcanzar ese objetivo, debe escogerse aquella que restrinja en menor escala el derecho protegido. Es decir, la restricción debe ser proporcional al

---

[122] Suprema Corte de Justicia de la Nación, Contradicción de Tesis 56/2011, 30 de mayo de 2013, disponible en: https://www2.scjn.gob.mx/ConsultasTematica/Resultados/-0-0-4-56-2011

> interés que la justifica y debe ser conducente para alcanzar el logro de ese legítimo objetivo, interfiriendo en la menor medida posible en el efectivo ejercicio del derecho.[123]

Por su parte, en la Declaración conjunta del año 2004 emitida por el Relator Especial de Naciones Unidas para la Libertad de Opinión y Expresión, el Representante de la Organización para la Seguridad y Cooperación en Europa para a Libertad de los Medios de Comunicación y el Relator de la Organización de Estados Americanos para la Libertad de Expresión, se precisó en torno a las excepciones al derecho de acceso a la información y a la privacidad, que:

> El derecho de acceso a la información deberá estar sujeto a un sistema restringido de excepciones cuidadosamente adaptado para proteger los intereses públicos y privados preponderantes, incluida la privacidad. Las excepciones se aplicarán solamente cuando exista el riesgo de daño sustancial a los intereses protegidos y cuando ese daño sea mayor que el interés público en general de tener acceso a la información. La autoridad pública que procure denegar el acceso debe demostrar que la información está amparada por el sistema de excepciones.
>
> (...)
>
> Cierta información puede ser legítimamente secreta por motivos de seguridad nacional o protección de otros intereses preponderantes. Sin embargo, las leyes que regulan el secreto deberán definir con exactitud el concepto de seguridad nacional y especificar claramente los criterios que deberán utilizarse para determinar si cierta información puede o no declararse secreta, a fin de prevenir que se abuse de la clasificación "secreta" para evitar la divulgación de información que es de interés público. Las leyes que regulan el secreto deberán especificar con claridad qué funcionarios están autorizados para clasificar documentos como secretos y también deberán establecer límites generales con respecto al período de tiempo durante el cual los documentos pueden mantenerse secretos. Dichas leyes deberán estar sujetas al debate público.[124]

---

123 Corte Interamericana de Derechos Humanos, CIDH. Claude Reyes y otros v. Chile, fondo, reparaciones y costas, 19 de septiembre de 2006, párr., 91, disponible en: https://www.corteidh.or.cr/docs/casos/articulos/seriec_151_esp.pdf

124 Declaración conjunta del año 2004 emitida por el Relator Especial de Naciones Unidas para la Libertad de Opinión y Expresión, el Representante de la Organización para la Seguridad y Cooperación en Europa para a Libertad de los Medios de Comunicación y el Relatora de la Organización de Estados Americanos para la Libertad de Expresión, disponible en: https://www.oas.org/es/cidh/expresion/showarticle.asp?artID=319&lID=2

A partir de lo anterior es que la Ley General de Transparencia y Acceso a la Información, lo mismo que la ley federal y las distintas de las entidades federativas, han desarrollado un aparato normativo en el que desarrollan las excepciones al principio de máxima publicidad y acceso a la información, bajo el parámetro establecido en el artículo 6º de la Constitución.[125] Se insiste en el carácter excepcional de las limitaciones, en tanto que el derecho de acceso a la información comporta una doble dimensión, la individual y social. En el primer supuesto se potencializa la autonomía de la persona, permitiendo el despliegue de la libertad de expresión en un ambiente de mayor pluralidad, mientras que le vertiente colectiva supone un mecanismo social de control institucional de las autoridades, a través de la publicidad de los actos de gobierno y transparencia en las acciones de la administración, lo que genera una ciudadanía informada y que, a su vez, se erige como el antecedente esencial del diálogo y la exigencia de los ciudadanos hacia las autoridades. Así, el Tribunal Pleno estableció en la controversia constitucional 61/2005, lo siguiente:

> Ahora bien, la peculiaridad que distingue de manera esencial al derecho a la información de otros derechos intangibles es su doble carácter que lo define como un derecho en sí mismo y como un medio o instrumento para el ejercicio de otros derechos. En efecto, la información tiene, además de un valor propio, un valor instrumental que sirve: (i) como presupuesto del ejercicio de otros derechos, y (ii) como base para que los gobernados puedan ejercer un control respecto del funcionamiento institucional de los poderes públicos. Es de estos elementos de donde surge la noción del derecho a la información, mismo que, con su doble carácter, se perfila como un límite a la exclusividad estatal del manejo de la información y, por ende, como una exigencia social de todo Estado de Derecho.[126]

---

125 Sobre la restricción a los derechos fundamentales, revísese la tesis de jurisprudencia: Tesis: 1a./J. 2/2012 (9a.), RESTRICCIONES A LOS DERECHOS FUNDAMENTALES. ELEMENTOS QUE EL JUEZ CONSTITUCIONAL DEBE TOMAR EN CUENTA PARA CONSIDERARLAS VÁLIDAS, Semanario Judicial de la Federación, Décima Época, Febrero de 2012, disponible en: https://sjf2.scjn.gob.mx/detalle/tesis/160267

126 Suprema Corte de Justicia de la Nación, Controversia Constitucional 61/2005, 24 de enero de 2008, disponible en: https://www2.scjn.gob.mx/ConsultasTematica/Detalle/77201

De la relevancia que tiene el derecho de acceso a la información, tanto un fin en sí mismo como un instrumento para el ejercicio de diversos derechos, es que las excepciones y causales de reserva deben ser interpretadas de forma restrictiva. Al respecto, el ordenamiento jurídico dispone la clasificación como género, que se materializa en los supuestos de reserva o confidencialidad.[127] Ésta última deviene de la naturaleza de la propia información y no se encuentra sujeta a temporalidad, como el secreto bancario o industrial, los datos personales, entre otros.[128] Por su parte, la información se puede clasificar como reservada cuando se actualice alguna de las causales que prevé la Ley.[129] Bajo dicho supuesto, existen dos criterios generales de reserva, que podrían denominarse restricciones prescriptivas y descriptivas del derecho de acceso a la información. Por un lado, se encuentra el hecho de que así lo establezca de manera expresa una Ley (prescriptiva), lo que significa que fue voluntad del legislador establecer que cierta información, por diversas razones, pero que deben estar de acuerdo con una finalidad constitucionalmente válida, se reserva por un periodo específico de tiempo.[130] Aun así, se debe elaborar la prueba de daño correspondiente.

En el segundo supuesto de reserva, se debe de valorar el contexto de la información en cuestión y las circunstancias de modo, tiempo y lugar (descriptiva). Es así, porque las hipótesis previstas para la clasificación de información como reservada se encuentran sujetas a la interpretación y aplicación de los operadores de la norma. Es decir, los comités de transparencia de los sujetos obligados y el INAI.

---

127 El artículo 100 de la Ley General de Transparencia y Acceso a la Información, dispone en su primer párrafo que "la clasificación es el proceso mediante el cual el sujeto obligado determina que la información en su poder actualiza alguno de los supuestos de reserva o confidencialidad".

128 Artículo 116 de la Ley General de Transparencia y Acceso a la Información Pública.

129 Artículo 113 de la Ley General de Transparencia y Acceso a la Información Pública.

130 Por ejemplo, el artículo 218 del Código Nacional de Procedimientos Penales dispone: "Los registros de la investigación, así como todos los documentos, independientemente de su contenido o naturaleza, los objetos, los registros de voz e imágenes o cosas que le estén relacionados, son estrictamente reservados, por lo que únicamente las partes, podrán tener acceso a los mismos, con las limitaciones establecidas en este Código y demás disposiciones aplicables".

Ante dicha estructura jurídica, y al amparo del principio de máxima publicidad, toda la información es pública, aun cuando su revelación tenga el potencial de causar una afectación a bienes jurídicos tutelados de relevancia para el Estado mexicano, como la seguridad nacional, derechos de tercero, el debido proceso, las negociaciones internacionales, entre otros. Esto significa que la autoridad debe realizar un examen anticipado sobre si determinada información tiene el potencial de afectar alguno de los supuestos que la norma prevé para clasificar la información como reservada.

D) PRUEBA DE DAÑO

Para derrotar la primacía del principio de máxima publicidad se debe realizar un examen sobre las posibles afectaciones que la divulgación de cierta información pueda provocar a valores jurídicamente protegidos. Es el caso de la prueba de daño.[131] Se trata de un examen de ponderación que realiza la autoridad a quien se le ha solicitado la información, a partir del cual está obligada a valorar si la información solicitada tiene el potencial de clasificarse como reservada en términos de las causales previstas en la Ley. Para ello, debe conducir un examen que le permita valorar si la entrega de la información en cuestión representará un riesgo real, demostrable e identificable y que produzca un perjuicio significativo al interés público o a la seguridad nacional. Por su parte, se debe justificar que el riesgo de perjuicio que supondría esa divulgación resulta superior al interés público de que se difunda esa información. Y, por último, se debe sustentar que la reserva de información se adecua al principio de proporcionalidad y representa el medio menos restrictivo disponible para evitar el perjuicio.[132]

---

131 Artículo 104 de la Ley General de Transparencia y Acceso a la Información Pública.

132 En el amparo en revisión 173/2012 del índice de la Primera Sala de la Suprema Corte de Justicia de la Nación, se precisó que: 207.…*la limitación debe vincularse con la prueba de daño, de una manera objetiva, en tanto que la divulgación de la información ponga en riesgo o pueda causar un perjuicio real al objetivo o principio que trata de salvaguardar, y de manera estricta debe demostrarse que el perjuicio u objetivo reserva-*

Se trata, como se puede observar, de una valoración compleja que parte de la premisa de un conocimiento especializado y técnico en materia de argumentación e interpretación de la Ley y protección de derechos humanos. Aun así, son los sujetos obligados, por conducto de sus comités de transparencia, quienes deben realizar dicha prueba, para efectos de demostrar que la reserva de la información solicitada se justifica. Lo que representa es, básicamente, un ejercicio a cargo del sujeto obligado para comprobar si, en cada caso en concreto, es correcto o no reservar cierta información.

Estamos frente a una ponderación, en todo orden, que tiene como finalidad justificar en sede administrativa, la limitación al ejercicio de un derecho humano. Al respecto, en precedentes del Poder Judicial de la Federación se ha dicho que:

> La prueba de daño es la argumentación fundada y motivada que deben realizar los sujetos obligados para acreditar que la divulgación de la información lesiona un interés jurídicamente protegido y que el daño que puede producir es mayor que el interés de conocer ésta (...) Así, la prueba de daño establece líneas argumentativas mínimas que deben cursarse, a fin de constatar que la publicidad de la información solicitada no ocasionaría un daño a un interés jurídicamente protegido, ya sea de índole estatal o particular. Por tanto, al tratarse de un aspecto constreñido al ámbito argumentativo, la validez de la prueba de daño no depende de los medios de prueba que el sujeto obligado aporte, sino de la solidez del juicio de ponderación que se efectúe en los términos señalados.[133]

Estamos ante una genuina salvaguarda al derecho de acceso a la información, que comienza a partir de la valoración e interpretación que realizan los sujetos obligados sobre el ejercicio de un derecho humano, frente al potencial riesgo o daño que su divulgación puede generar en otros bienes jurídicamente protegidos. En esencia, se trata de la constitucionalización del poder público, al hacerlos directamente responsables de la garantía de un derecho fundamental

---

do, resulta mayormente afectado que los beneficios a que pudieran llegarse con contar o difundir una información.

133 Tesis: I.10o.A.79 A (10a.), PRUEBA DE DAÑO EN LA CLASIFICACIÓN DE LA INFORMACIÓN PÚBLICA. SU VALIDEZ NO DEPENDE DE LOS MEDIOS DE PRUEBA QUE EL SUJETO OBLIGADO APORTE, Semanario Judicial de la Federación, Décima Época, Noviembre de 2018, disponible en: https://sjf2.scjn.gob.mx/detalle/tesis/2018460

por medio de una labor interpretativa de ponderación. Y con ello, se materializa el carácter de institución garante del Instituto Nacional de Transparencia y de los respectivos de las entidades federativas.[134] En adición a lo anterior, es preciso señalar que no puede invocarse el carácter de reservado, a pesar incluso de la prueba de daño, cuando se trata de violaciones graves a derechos humanos o casos de corrupción.[135] Tampoco se pueden realizar, por parte de la autoridad, reservas previas y generalizadas de información.[136] De esto, nos parece relevante referir a lo que planteó la Relatoría Especial para la Libertad de Expresión de la Comisión Interamericana de Derechos Humanos:

---

134 Los Lineamientos Generales en Materia de Clasificación y Desclasificación de Información, así como para la Elaboración de Versiones Públicas, dispone en materia de prueba de daño:
Trigésimo tercero. Para la aplicación de la prueba de daño a la que hace referencia el artículo 104 de la Ley General, los sujetos obligados atenderán lo siguiente:
Se deberá fundar la clasificación, al citar la fracción y la hipótesis de la causal aplicable del artículo 113 de la Ley General, vinculándola con el Lineamiento específico del presente ordenamiento y cuando corresponda, el supuesto normativo que expresamente le otorga el carácter de información reservada;
Se deberá motivar la clasificación, señalando las circunstancias de modo, tiempo y lugar que acrediten el vínculo entre la difusión de la información y la afectación al interés público o a la seguridad nacional;
Se deberán precisar las razones objetivas por las que la apertura de la información generaría un riesgo de perjuicio real, demostrable e identificable al interés jurídico tutelado de que se trate;
Mediante una ponderación entre la medida restrictiva y el derecho de acceso a la información, deberán justificar y probar objetivamente mediante los elementos señalados en la fracción anterior, que la publicidad de la información solicitada generaría un riesgo de perjuicio que supera al interés público de que la información se difunda;
Deberán elegir y justificar la opción de excepción al derecho de acceso a la información que menos lo restrinja y que sea adecuada y proporcional para evitar el perjuicio al interés público, evitando siempre que sea posible la reserva absoluta de documentos o expedientes; y
En los casos en que se determine la clasificación total de la información, se deberán especificar en la prueba de daño, con la mayor claridad y precisión posible, los aspectos relevantes de la información clasificada que ayuden a cumplir con el objetivo de brindar certeza al solicitante.

135 Artículo 115 de la Ley General de Transparencia y Acceso a la Información Pública.

136 Artículo 108 de la Ley General de Transparencia y Acceso a la Información Pública.

> (…) al aplicar una restricción al derecho de acceso a la información pública, no solo los requisitos de legalidad y protección de un fin legítimo deben cumplirse, sino también el requisito de necesidad y proporcionalidad. La necesidad de la medida se cumplirá cuando la limitación no solo sea conducente para alcanzar el logro deseado, sino que además resulte imperiosa, es decir, que de todas las alternativas deben escogerse aquellas medidas que restrinjan o interfieran en la menor medida posible el efectivo ejercicio del derecho de buscar y recibir la información. Asimismo, quien decide sobre la reserva de una información, debe no solo demostrar que la divulgación de la información efectivamente amenaza con causar un perjuicio sustancial a ese objetivo legítimo, sino también ponderar que el daño causado al interés protegido por la excepción sea mayor al interés público de acceder a la información.[137]

El examen de proporcionalidad debe prevalecer como la herramienta interpretativa para que el operador de la norma dilucide si se justifica o no la aplicabilidad de la causal de reserva al caso en concreto. A su vez, ese mismo operador debe ponderar el interés público de conocer esa información.

Esto es, frente a la prueba de daño que tiene como finalidad justificar la restricción al derecho de acceso a la información, al actualizarse una causal de reserva, la Ley General prevé la prueba de interés público,[138] que supone precisamente lo contrario. Así, los órganos garantes, al resolver los recursos de revisión y ante una potencial colisión de derechos, deben realizar un examen de ponderación (necesidad, idoneidad y proporcionalidad), con el propósito de dar acceso a la información de forma constitucionalmente justificada. De manera particular, la propia Ley refiere que, tratándose de información confidencial, aquella que por su naturaleza es protegida de la mirada pública, no se necesita del consentimiento de sus propietarios cuando se requiera su publicación por razones de seguridad nacional, salubridad general o derechos de tercero. Para ello, es decir, para derrotar la presunción de confidencialidad, la autoridad debe reali-

---

137 Relatoría Especial para la Libertad de Expresión, Comisión Interamericana de Derechos Humanos, Derecho a la Información y Seguridad Nacional, 2020, pg. 26, disponible en: https://www.oas.org/es/cidh/expresion/informes/DerechoInformacionSeguridadNacional.pdf

138 Artículo 149 de la Ley General de Transparencia y Acceso a la Información Pública.

zar una prueba de interés público en la que corrobore que existe un nexo causal entre la información confidencial y un tema de interés público, y la proporcionalidad entre éste y la potencial invasión a la intimidad.

E) INAI COMO AUTORIDAD EN MATERIA DE SEGURIDAD NACIONAL

La función instrumental de mayor relevancia para el INAI en el cumplimiento de su objeto constitucional se materializa en el recurso de revisión,[139] como parte del sistema constitucional diseñado para la protección y garantía de los derechos de acceso a la información y protección de datos personales. A través del recurso de revisión, el órgano garante resuelve de manera definitiva en sede administrativa, sobre la clasificación de determinada información y si ésta debe confirmarse o revocarse. Es decir, si la valoración jurídica de los sujetos obligados en torno a la actualización de una causal de reserva se justifica en términos constitucionales, si fue exhaustivo en su búsqueda o entrega, entre otros.

Lo relevante para este ensayo no es el recurso de revisión en sí mismo, lo que excedería su propósito, sino que es a través de las valoraciones jurídicas que lleva a cabo el INAI para su resolución que se erige, en primera instancia, como una auténtica institución de garantía de derechos humanos; y, en segundo lugar, es la manera en que ejerce directamente el control del uso que se le otorgue al concepto y principio de seguridad nacional, como causa eficiente para reservar, catalogar e impedir que la sociedad tenga acceso a determinada información.

La facultad de revisión del Instituto Nacional tiene como consecuencia inmediata que se entregue o clasifique cierta información que de alguna forma, y según el entendimiento del sujeto obligado, pudiera estar relacionada o afectar a la seguridad nacional. Esta sería su materialización evidente. Pero como corolario, al pronunciarse sobre esa causal de reserva, de forma progresiva define, precisa y limita

---

[139] Artículos 142 y ss. de la Ley General de Transparencia y Acceso a la Información Pública.

el alcance del concepto constitucional. Es así, porque sus valoraciones, si bien constreñidas al ámbito del acceso a la información, moldean aquello que puede ser considerado como seguridad nacional.

Ahora, para hacer referencia a la seguridad nacional como causal de reserva, debe precisarse que la Constitución establece en su artículo 6º que toda la información en posesión de cualquier autoridad, así como de particulares que hubieran recibido recursos públicos, será pública bajo el principio de máxima publicidad, siendo que solo podrá ser reservada por razones de interés público y seguridad nacional, en términos de lo que disponga el legislador ordinario. Esta previsión, que comprende a la seguridad nacional como un principio y valor del Estado que debe preservarse aún por encima del derecho de acceso a la información y la privacidad, está igualmente referida en diversos tratados internacionales, como es el caso del artículo 13 de la Convención Americana de Derechos Humanos,[140] el artículo 19 del Pacto Internacional de los Derechos Civiles y Políticos,[141] entre otros. No es una norma cerrada o de carácter absoluto, sino que, co-

---

140 Artículo 13. Libertad de Pensamiento y de Expresión
1. Toda persona tiene derecho a la libertad de pensamiento y de expresión. Este derecho comprende la libertad de buscar, recibir y difundir informaciones e ideas de toda índole, sin consideración de fronteras, ya sea oralmente, por escrito o en forma impresa o artística, o por cualquier otro procedimiento de su elección.
2. El ejercicio del derecho previsto en el inciso precedente no puede estar sujeto a previa censura sino a responsabilidades ulteriores, las que deben estar expresamente fijadas por la ley y ser necesarias para asegurar:
a) el respeto a los derechos o a la reputación de los demás, o
b) la protección de la seguridad nacional, el orden público o la salud o la moral públicas.
(...)

141 Artículo 19
1. Nadie podrá ser molestado a causa de sus opiniones.
2. Toda persona tiene derecho a la libertad de expresión; este derecho comprende la libertad de buscar, recibir y difundir informaciones e ideas de toda índole, sin consideración de fronteras, ya sea oralmente, por escrito o en forma impresa o artística, o por cualquier otro procedimiento de su elección.
3. El ejercicio del derecho previsto en el párrafo 2 de este artículo entraña deberes y responsabilidades especiales. Por consiguiente, puede estar sujeto a ciertas restricciones, que deberán, sin embargo, estar expresamente fijadas por la ley y ser necesarias para:
a) Asegurar el respeto a los derechos o a la reputación de los demás;

mo fue referido al hacer alusión a la prueba de daño, se debe valorar caso por caso. Dice de manera expresa la Ley General de Transparencia y Acceso a la Información Pública:

> Artículo 113.– Como información reservada podrá clasificarse aquella cuya publicación:
> I. Comprometa la seguridad nacional, la seguridad pública o la defensa nacional y cuente con un propósito genuino y un efecto demostrable;
> (…)

La finalidad de una causal de reserva como la transcrita, es habilitar al operador de la norma para realizar una valoración de la información solicitada, y la posible adecuación jurídica y fáctica a la hipótesis correspondiente. Es por ello que se debe acreditar de manera fehaciente la forma en que determinada información compromete la seguridad nacional. Posteriormente, será la autoridad revisora, el INAI, la que evalúe y resuelva en definitiva si dicha valoración inicialmente realizada por el sujeto obligado se encuentra apegada a derecho y a los principios que nutren el ejercicio del derecho de acceso a la información. En el siguiente capítulo se abordará el control constitucional que realiza la Suprema Corte de Justicia de la Nación de esta causal de reserva, a partir del recurso de revisión en materia de seguridad nacional. Corresponde ahora analizar precisamente la naturaleza esta restricción normativa.

La seguridad nacional es un concepto jurídico indeterminado y que debe ser valorado en su funcionalidad y teleología en cada caso en concreto. Como ha sido ya referido, la Ley de Seguridad Nacional dispone que por seguridad nacional se entienden las acciones destinadas de manera directa e inmediata a mantener la integridad, estabilidad y permanencia del Estado mexicano.[142] No es un concepto estático y, desde la posición de la Ley referida, se materializa en acciones destinadas a la preservación de los elementos constitutivos del Estado. Distinto al concepto contenido en el artículo 89, fracción VI, de la Constitución, que le atribuye al Presidente de la República con la facultad y obligación de preservar la seguridad nacional.

---

b) La protección de la seguridad nacional, el orden público o la salud o la moral públicas.

142 Artículo 3 de la Ley de Seguridad Nacional.

En esa línea y de conformidad con la Ley mencionada, las acciones tendentes a preservar al Estado mexicano son aquellas que conlleven la protección frente amenazas y riesgos que enfrente el país, la preservación de la soberanía nacional y defensa del territorio y las partes integrantes de la federación, así como el mantenimiento del orden constitucional y las instituciones democráticas. Estos son los fines que, como se puede observar, requieren de una apreciación fáctica y de una circunstancia de modo, tiempo y lugar que permita valorar en concreto, que acciones específicas de seguridad nacional, se requieren para cumplir con tales objetivos.

Por su parte, la misma Ley detalla qué se entiende por amenazas a la seguridad nacional,[143] que si bien por diseño legislativo se encuentra prescrito en términos negativos o algo que se debe evitar, se trata de la particularización de las acciones de preservación y mantenimiento del Estado mexicano. Siendo así, por la naturaleza del principio constitucional de seguridad nacional, por su conceptualización indeterminada y por la relevancia que debe ostentar a nivel constitucional, el listado de acciones y amenazas a la seguridad nacional es por naturaleza indicativa y no podría considerarse un listado acabado. Es así, en tanto que se trata de un valor superior que tiene como corolario la subsistencia de la entidad jurídico-política que es el Estado mexicano. No obstante, según la Relatoría Especial para la Libertad de Expresión de la Comisión Interamericana de Derechos Humanos, "uno de los factores que continúa favoreciendo la actuación discrecional a la hora de imponer restricciones al acceso a la información radica en la falta de claridad y precisión del régimen de excepciones".[144] Lo que puede generar condiciones para no entregar información. No obstante, complementa la misma Relatoría que "los Estados deben definir con claridad y precisión en la legislación los intereses legítimos de seguridad nacional. Tal definición debe observar que el concepto de seguridad nacional requiere ser interpretado

---

143 Artículo 5 de la Ley de Seguridad Nacional.

144 Relatoría Especial para la Libertad de Expresión, Comisión Interamericana de Derechos Humanos, Derecho a la Información y Seguridad Nacional, 2020, pg. 5, disponible en: https://www.oas.org/es/cidh/expresion/informes/DerechoInformacionSeguridadNacional.pdf

en clave democrática".[145] Que supone la idea de que nunca la restricción puede comprender reservar información sobre violaciones graves a derechos humanos.[146]

Esto supone un reto para el ejercicio del derecho de acceso a la información, toda vez que si sus limitaciones deben ser interpretadas de forma restrictiva, y sus premisas deben estar previstas en una ley en sentido formal y material, en el caso de la seguridad nacional como causal de reserva se ve implicado un ejercicio de ponderación empírico, fáctico y en ocasiones hipotético, en tanto que no todos sus supuestos pueden estar previstos por el legislador y debe ser el intérprete quien decida caso a caso si se actualiza un riesgo a la seguridad, ante el acceso a determinada información. Esa interpretación de cara al balance y ponderación de dos principios constitucionales (máxima publicidad y seguridad nacional), es la que debe realizar el Instituto Nacional de Transparencia, por medio del análisis de la prueba de daño que proponga un sujeto obligado. Y en última instancia, la Suprema Corte de Justicia de la Nación, al analizar el recurso de revisión en materia de seguridad nacional.

De lo anterior es que el INAI funge como una instancia de control sobre la utilización y materialización del concepto de seguridad nacional, al tener la facultad constitucional de analizar las reservas de información que hagan valer los sujetos obligados, ante una solicitud de acceso a la información. Desde esta óptica, el Órgano Garante Nacional modula la manera en que se conceptualiza y dispone el concepto de seguridad nacional, al realizar evaluaciones sobre la pertinencia jurídica de su actualización en los análisis que realiza en la resolución de un caso en particular. Para ello, es preciso tener en mente que la Suprema Corte de Justicia de la Nación, ha dicho en la

---

145 *Ibidem*, p. 28.

146 Corte Interamericana de Derechos Humanos, Myrna Mack Chang vs. Guatemala, Fondo Reparaciones y Costas, 25 de noviembre de 2003, par. 180: "La Corte considera que en caso de violaciones de derechos humanos, las autoridades estatales no se pueden amparar en mecanismos como el secreto de Estado o la confidencialidad de la información, o en razones de interés público o seguridad nacional, para dejar de aportar la información requerida por las autoridades judiciales o administrativas encargadas de la investigación o proceso pendientes".

resolución al recurso de revisión en materia de seguridad nacional 3/2021 que:

> La Ley Federal de Transparencia y Acceso a la Información Pública y la Ley de Seguridad Nacional son coincidentes en el conjunto de bienes tutelados bajo el amparo del concepto de seguridad nacional. Esto es así porque en ambos ordenamientos son bienes protegidos: la integridad, estabilidad y permanencia del Estado Mexicanos; la estabilidad de las instituciones de la Federación; la gobernabilidad democrática; la defensa del exterior; y la seguridad interior de la Federación. En los términos de los ordenamientos citados, se trata de bienes jurídicos tutelados con el objetivo de garantizar, a su vez, el bienestar social como uno de los fines del Estado constitucional.[147]

De lo anterior es posible advertir que el INAI, de forma tangencial o en segundo grado, es también autoridad encargada de tutelar la seguridad nacional. Esto lo realiza como consecuencia de las valoraciones que emite en torno a la causal de reserva en cuestión. Desde esta perspectiva, no sólo debe realizar una ponderación estricta sobre la restricción al ejercicio del derecho de acceso a la información, sino que en ello, sopesa los bienes jurídicos que tutela la seguridad nacional como concepto indeterminado, tomando como parámetro que la Ley que rige su actuación es coincidente con lo que prevé la Ley de Seguridad Nacional.

Esto hace del INAI la autoridad administrativa que ejerce control y contrapeso en el uso que se le dé al concepto de seguridad nacional por parte de las autoridades competentes. Este control se predica del ejercicio del derecho de acceso a la información y desde esa perspectiva es, como ya se indicaba, de segundo grado o indirecto. Esto es así, ya que se requiere de un particular que solicite información, respecto de la cual se discuta por parte de los Comités de Transparencia de los sujetos obligados si su publicidad podría vulnerar la seguridad nacional. Lo que hace que las resoluciones del Órgano Garante Nacional moldeen el concepto jurídico indeterminado, en tanto que a partir de la valoración sobre si puede o no comprometer la seguridad nacional, define con el paso de los precedentes en sede adminis-

---

147 Suprema Corte de Justicia de la Nación, recurso de revisión en materia de seguridad nacional 3/2021, 16 de mayo de 2022, disponible en: https://www2.scjn.gob.mx/ConsultasTematica/Detalle/284652

trativa qué si puede ser considerado y qué no materia de seguridad nacional. Por ejemplo, entregar información relacionada con las declaraciones patrimoniales de los integrantes de las Fuerzas Armadas no es una cuestión de seguridad nacional, tal y como lo resolvió el INAI y fue confirmado por el Tribunal Pleno de la Suprema Corte de Justicia de la Nación.[148] Pero sí lo sería, entre otros, entregar las cláusulas económicas de los contratos de compraventa de vacunas en el contexto de la campaña nacional de vacunación ante el COVID-19.[149] Siendo así, el INAI, al resolver sobre la causal de reserva, además pronunciarse sobre el acceso a la información en un caso en concreto, también define qué debe entenderse por seguridad nacional.

Las valoraciones que hace el INAI en su calidad de autoridad administrativa que controla la utilización del concepto de seguridad nacional, lo hace al amparo de los Lineamientos Generales de Clasificación y Desclasificación de Información,[150] expedidos por el Sistema Nacional de Transparencia que, en términos de su facultad regulatoria, precisan la manera en que debe interpretarse el concepto y definen sus alcances por cuanto a la publicidad de información respecta. De manera específica, el artículo décimo octavo de los lineamientos mencionados dispone que se podrá considerar reservada información que, de difundirse, tendría el potencial de actualizar un riesgo o amenaza a la seguridad nacional. Más allá de realizar una transcripción del lineamiento referido, destaca la ampliación que se hace de la base a partir de la cual se analiza la posible amenaza a la seguridad nacional, al incorporar, por ejemplo, sabotaje a la provisión de servicios públicos, como el agua potable (fracción VIII), el combate a las epidemias o enfermedades exóticas (fracción IX), información producto de intervenciones a comunicaciones privadas (fracción XI) o datos que pudieran ser aprovechados para conocer

---

[148] Suprema Corte de Justicia de la Nación, recurso de revisión en materia de seguridad nacional 8/2022, 17 de agosto de 2023, disponible en: https://www2.scjn.gob.mx/ConsultasTematica/Detalle/300405

[149] Op. cit., Recurso de Revisión en Materia de Seguridad Nacional 3/2021.

[150] Lineamientos Generales en materia de Clasificación y Desclasificación de la Información, así como para la elaboración de Versiones Públicas, publicado en el Diario Oficial de la Federación el 15 de abril de 2016 (última reforma del 18 de noviembre de 2022), disponible en: https://www.dof.gob.mx/nota_detalle.php?codigo=5671860&fecha=18/11/2022#gsc.tab=0

la capacidad reactiva de las instituciones encargadas de la seguridad nacional.

De lo anterior, se desprenden las siguientes reflexiones. En primer término, que el Sistema Nacional de Transparencia amplía la base de los conceptos que pueden considerarse de seguridad nacional.[151] Esto hace al INAI y al propio sistema reguladores en la materia; y los mismos son vinculantes para todos los sujetos obligados del país. Si bien se trata de una disposición administrativa de carácter general que tiene como propósito detallar y precisar la forma en que se realiza la clasificación de la información, es preciso preguntarse si la ampliación del catálogo de los supuestos en que se podría poner en riesgo la seguridad nacional se encuentra disponible para el Sistema Nacional de Transparencia. O dicho de otra forma, si esta entidad jurídica nacional tiene la facultad para desarrollar supuestos de seguridad nacional, más allá de lo que dispone la Ley. Esto es relevante en tanto que se trata de restricciones al ejercicio del derecho de acceso a la información.

Así, el artículo primero de la Constitución dispone que tanto los derechos humanos como las garantías para su protección, no podrán restringirse ni suspenderse, salvo en los casos y bajo las condiciones que la misma Constitución establezca. A su vez, el artículo sexto refiere que la información pública podrá ser reservada temporalmente por razones de interés público y seguridad nacional, en los términos que fijen las leyes. Es decir, el constituyente delegó en el legislador ordinario, al amparo del principio de reserva de ley, la facultad de prever los casos de excepción al ejercicio del derecho en cuestión.

---

151 La atribución para emitir lineamientos por parte del SNT, se encuentra prevista en los artículos 31 y 109 de la Ley General de Transparencia y Acceso a la Información Pública que disponen:
Artículo 31. El Sistema Nacional de Transparencia tiene como funciones:
I. Establecer lineamientos, instrumentos, objetivos, indicadores, metas, estrategias, códigos de buenas prácticas, modelos y políticas integrales, sistemáticas, continuas y evaluables, tendientes a cumplir con los objetivos de esta ley;
(...)
Artículo 109. Los lineamientos generales que emita el Sistema Nacional de Transparencia en materia de clasificación de la información reservada y confidencial y, para la elaboración de versiones públicas, será de observancia obligatoria para todos los sujetos obligados.

Siendo así, pareciera que los lineamientos a los que se ha hecho mención exceden su finalidad constitucionalmente permitida, en tanto que sin facultad para ello, amplían el catálogo de supuestos en los que se considera que pudiera ocasionarse un riesgo a la seguridad nacional. Lo cual cobra mayor relevancia en tanto que la Primera Sala de la Suprema Corte de Justicia de la Nación, en el amparo en revisión 173/2012, estableció que:

> 129. Sobre las restricciones a los derechos humanos, la interpretación armónica y sistemática de los artículos citados permite concluir que los requisitos para considerarlas válidas son:
>
> 130. a) Que se establezcan en una ley formal y material (principio de reserva de ley) dictada en razón del interés general o público, en aras de garantizar los diversos derechos de igualdad y seguridad jurídica (requisito formal); y b) Que cumplan con los requisitos de un test de proporcionalidad, esto es, que sean necesarias, que persigan un interés o finalidad legítima, que sean razonables y ponderables en una sociedad democrática (requisitos materiales).[152]

De ello se desprende que para restringir o limitar válidamente el ejercicio de un derecho fundamental, en primera instancia, se debe cumplir con el requisito formal, que dispone que debe estar establecido en una ley en sentido formal y material. Por otro lado y en torno a los Lineamientos de Clasificación, lo mismo que a la Ley General de Transparencia, la valoración respecto a una potencial amenaza a la seguridad nacional es un acto anticipatorio y predictivo, en tanto que se trata de valorar una situación futura. Es decir, la afectación y riesgo a la seguridad nacional (la lógica jurídica es la misma para el resto de las causales de reserva) supone un ejercicio hipotético y preventivo. Es relevante ya que se restringe el ejercicio de un derecho humano por lo que su propio ejercicio pueda ocasionar, no por una situación jurídica y fáctica dada. En adición a lo anterior, es prudente tener en mente lo que establecen los Principios de Tshawne:

> Principio 3: Requisitos para restringir el derecho de información por razones de seguridad nacional:

---

[152] Primera Sala de la Suprema Corte de Justicia de la Nación, Amparo en Revisión 173/2012, 6 de febrero de 2023, disponible en: https://www2.scjn.gob.mx/ConsultasTematica/Detalle/136653

> No podrán aplicarse restricciones al derecho a la información invocando razones de seguridad nacional a menos que el gobierno demuestre que: (1) la restricción (a) está establecida en una ley y (b) resulta necesaria en una sociedad democrática o (c) para proteger un interés legítimo de seguridad nacional; y (2) la ley establece garantías adecuadas contra la posibilidad del abuso, incluido el escrutinio oportuno, pleno, accesible y efectivo de la validez de las restricciones por una autoridad supervisora independiente y su revisión exhaustiva por los tribunales.[153]

Este principio confirma lo que se ha dicho por cuanto hace a los requisitos normativos y jurisprudenciales para restringir el ejercicio efectivo de derechos humanos y, de manera particular, al requisito formal de la reserva de ley ya mencionado. No obstante la valoración en torno a la definición y alcance de los Lineamientos y su constitucionalidad, hasta hoy incontestada, se trata de un instrumento que es guía eficaz para los operadores de la norma y ha sido útil para delimitar el marco de actuación de los sujetos obligados e integrantes del Sistema en la interpretación de la norma.

Esta valoración erige al INAI como la instancia de control en sede administrativa en materia de seguridad nacional, puesto que en el ejercicio de sus atribuciones, no solo resuelve si debe darse a conocer o reservarse cierta información, sino que en ello realiza una valoración anticipada e incluso hipotética, sobre los valores y principios normativos de la seguridad nacional, para ponderar si determinada información pudiera ponerla en riesgo, ya no en términos informativos, sino en su plenitud normativa, funcional y operacional. Es tal la importancia de esta atribución que la propia Constitución facultó a la Consejería Jurídica de la Presidencia de la República, para interponer un recurso de revisión ante la Suprema Corte de Justicia de la Nación, en caso de que considere que una resolución del INAI pudiera poner en riesgo o amenazar la seguridad nacional.

---

153 *Open Society Foundation*, Principios globales sobre seguridad nacional y el derecho de acceso a la información, 12 de junio de 2013, disponible en: https://www.justiceinitiative.org/publications/global-principles-national-security-and-freedom-information-tshwane-principles/es

F) CASO PEGASUS

Mención especial requiere este asunto, por la relevancia que ha tenido para la libertad de expresión y el acceso a la información, así como por su simbolismo en torno a la debida gestión de la intervención de comunicaciones privadas, frente al espionaje y diversas formas de protección de periodistas y opositores en general. Los antecedentes del expediente pueden ser resumidos de la siguiente manera.[154] El 23 de octubre de 2017, una persona solicitó a la entonces Procuraduría General de la República la siguiente información:

> ... para el periodo 2000 a 2017: se solicita cualquier documento relacionado con la contratación de cualquier software, licencia o herramienta tecnológica desarrollada por la firma NSO Group o por alguna de sus filiales y/o subsidiarias incluyendo versión pública de los contratos correspondientes.

En esencia, lo que el sujeto obligado respondió fue que la información solicitada se encontraba clasificada como reservada, en términos de lo previsto en el artículo 110, fracciones I, V, VII y XIII de la Ley Federal de Transparencia y Acceso a la Información Pública, entre otras disposiciones normativas. En enero de 2019 el ciudadano interpuso recurso de revisión ante el INAI, quien resolvió el expediente RRA 0115/2018 y ordenó modificar la respuesta de la Procuraduría General de la República. Por lo que refiere a la causal de reserva relativa a la seguridad nacional, estableció que, si bien mucha de la información encontraba relación con la Ley de Seguridad Nacional, existían diversos rubros que trataban asuntos genéricos tales como el objeto del contrato, las declaraciones, los importes totales y unitarios, las formas de pago, obligaciones de las partes, entre otras. Aspectos que son de naturaleza pública y que, incluso en términos de la Ley General de Transparencia y Acceso a la Información Pública, se entenderían como obligaciones de transparencia.

No obstante, estimó que dar a conocer las especificaciones técnicas del software y los métodos de operatividad, podrían potenciali-

---

154 Toda la información que se hace referencia en este apartado se obtuvo de la versión pública de la sentencia del juicio de amparo 591/2018, del índice del Juzgado Octavo de Distrito en Materia Administrativa de la Ciudad de México.

zar una amenaza a la seguridad nacional, en tanto que se difundiría tecnología que es útil para la generación de inteligencia. De tal forma que existían elementos que describen puntualmente el software adquirido, cuestiones técnicas del sistema conocido como "Pegasus 500" relacionados con su operatividad, por lo que concluyó que contenía especificaciones técnicas, procedimientos de operación y de mantenimiento y que darla a conocer, podría comprometer la seguridad nacional. Para ello, realizó la prueba de daño correspondiente. Así, al modificar la respuesta del sujeto obligado, el INAI ordenó que se entregara al particular el contrato para la adquisición del software, licencia o herramienta tecnológica desarrollada por NSO Group, y únicamente podría reservar:

- Las especificaciones técnicas del equipo en cuestión, así como de sus procedimientos relacionados con su operatividad;
- Nombres, cargos y firmas de aquellas personas físicas que intervinieron en la contratación y que tuvieran conocimiento privilegiado sobre procedimientos, métodos y especificaciones técnicas, para la generación de inteligencia.

Después del trámite y la secuela procesal del juicio de amparo correspondiente, el 13 de diciembre de 2018, se dictó sentencia definitiva en la que el Juez de la causa resolvió amparar y proteger al quejoso en contra de la resolución emitida en el recurso de revisión RRA 0115/2018 del INAI. Dice la sentencia, de forma textual, lo siguiente:

> Este juzgador advierte una regla específica prevista en los artículos 5 y 115 de la Ley General de Transparencia y Acceso a la Información: cuando se trate de violaciones graves a derechos humanos o actos relacionados con corrupción entonces necesariamente debe hacer pública la información que detenta el Estado. El INAI hizo una ponderación entre dos principios o valores "seguridad nacional" e "interés público" para definir que información debía darse a conocer; sin embargo, en este caso no había conflicto entre dos principios, sino que existía una regla jurídica aplicable prevista en la Ley de Transparencia.
>
> (...)
>
> En ese sentido, el INAI pasó inadvertido que conforme a los establecido en los Principios de Tshwane, si bien los Estados enfrentan múltiples desafíos al procurar encontrar un equilibrio entre el interés público en la divulgación y la necesidad de la clasificación para proteger intereses legítimos de la seguridad nacional, la información relacionada con violaciones de los derechos humanos o el derecho humanitario está sujeta

> a la presunción de divulgación, y en ningún caso puede ser clasificada invocando razones de seguridad nacional de forma tal que se evite la rendición de cuentas por dichas violaciones, o se despoje a la víctima de la oportunidad de acceder a una reparación efectiva.
>
> (...)
>
> En suma, la resolución del INAI que determinó reservar con base en el argumento de "seguridad nacional" las especificaciones técnicas y los métodos de operatividad del software Pegasus es inconstitucional, toda vez que el INAI pasó inadvertido que la información relacionada con violaciones graves a derechos humanos y actos de corrupción no debe clasificarse como información reservada.
>
> (...)
>
> El concepto de "seguridad nacional" en modo alguno tiene el alcance de legitimar el uso de tecnología de control y vigilancia masiva o selectiva de la vida privada de los ciudadanos comunes dentro de la sociedad cuando dicha intromisión se despliega fuera del contexto de una investigación criminal judicialmente autorizada; de modo que los alcances de ese tipo de espionaje tecnológico —prohibidos por la Constitución— son públicos (y no reservables) cuando deriven de un determinado software utilizado en un contexto de desviación de poder que más que "seguridad nacional" produce inseguridad jurídica y personal para los integrantes de la sociedad dentro del Estado.[155]

En consecuencia y tras estas valoraciones, el Juez de Distrito resolvió dejar sin efectos el acto impugnado, para que se determinara que existía una causa de interés público y un efecto corruptor en la compra y operación del software Pegasus, ante la existencia de indicios que permitían inferir actos de corrupción y violaciones graves a derechos humanos respecto de la totalidad del contrato, incluyendo los nombres de los servidores públicos y el representante de la persona moral involucrada. Por lo que la información que inicialmente se habría clasificado como reservada, se debía hacer pública. Determinación que fue confirmada por el Vigésimo Primer Tribunal Colegiado en Materia Administrativa del Primer Circuito, mediante sentencia de fecha 12 de agosto de 2022, en el amparo en revisión 129/2020.

Se trata de un asunto de la mayor relevancia, en el que el Poder Judicial de la Federación revirtió la valoración de la autoridad admi-

---

155 Juzgado Octavo de Distrito en Materia Administrativa de la Ciudad de México, sentencia del juicio de amparo 591/2018, del 13 de diciembre de 2018, disponible en: https://www.scribd.com/document/395959163/Sentencia-Pegasus

nistrativa, en tanto que estimó que la evaluación de la reserva por motivos de seguridad nacional no puede hacerse extensiva a información relacionada con casos de corrupción y violaciones graves a derechos humanos.

VI. CONTROL JURISDICCIONAL

A) ANTECEDENTES LEGISLATIVOS DEL RECURSO DE REVISIÓN EN MATERIA DE SEGURIDAD NACIONAL

En el Dictamen de las Comisiones Unidas de Puntos Constitucionales, de Estudios Legislativos Primera, de Gobernación y de Anticorrupción y Participación Ciudadana en Materia de Transparencia del Senado de la República a la reforma al artículo 6° constitucional, por el cual se dotó de autonomía constitucional al órgano garante nacional de los derechos de acceso a la información y protección de datos personales, al hacer referencia al recurso de revisión en materia de seguridad nacional, se estableció que:

> El máximo tribunal deberá hacer un juicio sobre si la materia controvertida en efecto cabe dentro del concepto de seguridad nacional, así como señalar en su resolución el alcance de la afectación y, en su caso, las modalidades de reserva de la información en cuestión.
>
> Por su naturaleza, este recurso tiene un carácter extraordinario por lo que la legitimidad para interponerlo deberá estar limitada. Por ello, se propone que sólo lo pueda interponer el Presidente de la Cámara de Diputados, el Presidente de la Cámara de Senadores y los Presidentes de los organismos con autonomía constitucional. En el caso de la Administración Pública Federal, el único legitimado para interponerlo sería el Consejero Jurídico del Ejecutivo Federal.[156]

Por su parte, la Comisión de Puntos Constitucionales de la Cámara de Diputados, en su calidad de revisora dentro del mismo proceso de reforma constitucional, en el dictamen de fecha 21 de agosto de 2013, consideró que:

---

156 Dictamen de las Comisiones Unidas de Puntos Constitucionales, de Estudios Legislativos Primera, de Gobernación y de Anticorrupción y Participación Ciudadana en Materia de Transparencia, de la Cámara de Senadores, con Proyecto de Decreto por el que se reforman diversas disposiciones de la Constitucion Politica de los Estados Unidos Mexicanos, de fecha 19 de diciembre de 2012, disponible en: https://legislacion.scjn.gob.mx/Buscador/Paginas/wfProcesoLegislativoCompleto.aspx?q=b/EcoMjefuFeB6DOaNOimNPZPsNLFqe0s7fey1FqrifPEDNz/vsxqtYAffSzMf0n+QavH/2FZJBQGSnpUtAVFQ==

> En la fracción II, párrafo cuarto se propone que las resoluciones del organismo autónomo en el ámbito federal serán vinculatorias, definitivas e inatacables para los sujetos obligados. En donde se establece los sujetos obligados legitimados para interponer recurso de revisión ante la Suprema Corte de Justicia de la Nación en los términos que establezca la Ley, cuando dichas resoluciones puedan poner en peligro la seguridad, la estabilidad económica o cuando se transgredan los derechos humanos reconocidos en esta Constitución y los tratados internacionales de los que el Estado mexicano sea parte, o sean emitidas con motivos del ejercicio de la facultad de atracción prevista en el segundo párrafo de esta fracción.[157]

Como se desprende de las anteriores transcripciones, la intención del Poder Revisor de la Constitución fue habilitar a distintas instancias y órganos autónomos con legitimidad para interponer el recurso de revisión extraordinario en contra de las resoluciones del INAI. Por ejemplo, buscaba dotar de legitimación activa los presidentes de las Cámaras, al Procurador General de la República, a la Consejería Jurídica del Gobierno Federal, al Gobernador del Banco de México y al Presidente de la Comisión Nacional de Derechos Humanos para interponer el recurso de revisión ante la Suprema Corte de Justicia de la Nación. Por su parte, su materia no estaba únicamente relacionada con la seguridad nacional, sino que se ampliaba a seguridad en sentido general, estabilidad económica, transgresión de derechos humanos; o surgía como consecuencia del ejercicio de la facultad de atracción por parte del órgano nacional respecto de recursos de revisión, competencia de los órganos estatales. Si bien este recurso fue discutido por el Senado como cámara de origen, esta institución procesal fue incorporada en el proceso de dictaminación de la cámara revisora, en tanto que no fue aprobado por el Senado de la República en una primera instancia.

---

157 Dictamen de las Comisiones Unidas de Puntos Constitucionales, Transparencia y Anticorrupción y de Régimen Reglamentos y Prácticas Parlamentarias, de la Cámara de Diputados, con Proyecto de Decreto por el que reforma y adicionan los artículos 6, 73, 76, 78, 89, 105, 108, 110, 111, 116 y de la Constitución Política de los Estados Unidos Mexicanos, de fecha 19 de agosto de 2013, disponible en: https://legislacion.scjn.gob.mx/Buscador/Paginas/wfProcesoLegislativoCompleto.aspx?q=b/EcoMjefuFeB6DOaNOimNPZPsNLFqe0s7fey1FqrifPEDNz/vsxqtYAffSzMf0nkzXiYGCo2x1lc/pQU4gv0A==

De la revisión del proceso legislativo,[158] es posible advertir que previo al inicio de la sesión del día 22 de agosto de 2013, el dictamen fue modificado por consenso de las y los diputados integrantes de las comisiones dictaminadoras, y se estableció que únicamente podría interponer el recurso de revisión extraordinario el Consejero Jurídico de la Presidencia de la República, cuando considerara que una resolución del INAI pudiera poner en peligro la seguridad nacional. Lo que fue así votado por la Cámara de Diputados y por el Senado de la República en sus términos. Es decir, en la forma en que actualmente se encuentra previsto por el artículo 6° constitucional.

Más allá de las valoraciones y análisis a que se avocará el presente capítulo, ampliar la legitimación activa para interponer el recurso de revisión extraordinario a titulares de diversos órganos autónomos, así como a supuestos materiales diferentes a la seguridad nacional, habría hecho de este recurso una segunda instancia, socavando la naturaleza de las resoluciones del Instituto como vinculatorias, definitivas e inatacables y, más importante, habría hecho nugatorio el ejercicio del derecho de acceso a la información. Asimismo, si bien el enfoque del recurso debe ser el derecho de acceso a la información, estimamos que la existencia de este medio de impugnación extraordinario, en los términos que actualmente se encuentra previsto en el artículo 6° de la Constitución, permite generar un verdadero control de constitucionalidad de las resoluciones del órgano garante nacional, a partir de un balance entre dos principios constitucionales de enorme relevancia: seguridad nacional y máxima publicidad.

Esto es así, dado que en sede constitucional la Suprema Corte de Justicia de la Nación decide, a partir de una ponderación realizada entre los principios mencionados, si determinada información puede o no poner en peligro la seguridad nacional. Esto, más allá de

---

158 Versión estenográfica de la sesión del día 22 de agosto de 2013, en la que sometió a discusión del Pleno de la Cámara de Diputados, el dictamen con Proyecto de Decreto por el que reforma y adicionan los artículos 6, 73, 76, 78, 89, 105, 108, 110, 111, 116 y de la Constitución Política de los Estados Unidos Mexicanos, de fecha 19 de agosto de 2013, disponible en: https://legislacion.scjn.gob.mx/Buscador/Paginas/wfProcesoLegislativoCompleto.aspx?q=b/EcoMjefuFeB6DOaNOimNPZPsNLFqe0s7fey1FqrifPEDNz/vsxqtYAffSzMf0nu+t+iwDqPmT+w07SSDTcFw==

la valoración en el caso en concreto y en función del ejercicio del derecho de acceso a la información, conlleva un análisis constitucional sobre si cierta materia y su contexto (campaña nacional de vacunación o compraventa de vacunas, información sobre servidores públicos, bitácoras de vuelo o actividades de la Unidad de Inteligencia Financiera, cambios de usos de suelo para construcción de obras de infraestructura, y otras) son cuestiones que atañen a la seguridad nacional en estricto sentido.

Con ello, se constitucionaliza la seguridad nacional, no únicamente en función de su análisis con relación al derecho de acceso a la información, sino a partir de la definición progresiva de sus límites y parámetros. Es decir, si bien el contexto es una resolución del INAI sobre el acceso a cierta información que en principio es pública, las resoluciones de la Suprema Corte delimitan el alcance de la seguridad nacional, en la medida en que se moldean los conceptos sustantivos y adjetivos, que a la postre tienen un impacto en el contenido material de aquello que la ley precisa como "las acciones destinadas de manera inmediata a mantener la integridad, estabilidad y permanencia del Estado mexicano".[159]

Ya veíamos en los capítulos precedentes que, en términos de lo que establece el artículo 6° de la Constitución, las resoluciones del INAI son definitivas, vinculantes e inatacables. Y que, respecto de ésta última, existen dos excepciones. La primera determinada con base en precedentes jurisprudenciales, lo que se refiere a los casos en los que las resoluciones del Instituto tengan el potencial de vulnerar su ámbito competencial, lo que se controvertiría por medio de una controversia constitucional.[160] La segunda excepción al principio de inatacabilidad lo prevé el mismo artículo 6° constitucional, y se refiere al recurso de revisión en materia de seguridad nacional que únicamente puede promover el Consejero Jurídico del Gobierno Federal, por estimar que alguna resolución del INAI puede poner en peligro la seguridad nacional.

---

159 Artículo 3 de la Ley de Seguridad Nacional.

160 Op.Cit., Controversia Constitucional 308/2017

B) NATURALEZA DEL RECURSO DE REVISIÓN EN MATERIA DE SEGURIDAD NACIONAL

Por cuanto hace a los procedimientos legislativos de reforma a la Constitución Política, así como de la expedición de Ley General de Transparencia y Acceso a la Información Pública, lo mismo que la ley federal en la materia, de la revisión de las diversas exposiciones de motivos, dictámenes o discusiones no se desprende mayor análisis respecto a la naturaleza del recurso de revisión en materia de seguridad nacional.[161] No obstante, en el veredicto de las comisiones dictaminadoras del Senado de la República a la Ley General de Transparencia y Acceso a la Información Pública, en su calidad de cámara de origen, en torno al recurso referido, menciona que:

> Para estas comisiones dictaminadoras, resulta procesalmente desproporcionado que un recurso de revisión en materia de seguridad sea interpuesto en un tercio de los 15 días de plazo que se otorga a los particulares, como lo establece el artículo 142 de la ley; por lo que se considera oportuno, aumentar a siete días siguientes a la notificación de la resolución al sujeto obligado para interponer el recurso citado. Esto en razón de que se trata de un medio de impugnación que por sus propias características, requiere de una cierta complejidad técnica, tanto en su redacción, como es su integración y valoración; por lo que se estima que, se debe otorgar un tiempo suficiente, para atender que se tiene un lapso de tiempo necesario para preparar la estrategia legal y en su caso, la com-

161 En la discusión del dictamen que expide la Ley Federal de Transparencia y Acceso a la Información Pública, emitido por la comisiones dictaminadoras del Senado de la República, como cámara de origen, de fecha 19 de noviembre de 2015, la senadora Marcela Torres Peimbert dijo "Era indispensable que la Ley Federal de Transparencia señalara como requisitos el escrito de recurso de revisión, por lo menos el recurso de revisión que se impugna, la fecha de resolución, el sujeto obligado, la solicitud de información, la serie de agravios en los que el Consejero Jurídico motiva y motivará de manera reforzada las razones por las que considera que la información descalificada pone en riesgo la seguridad nacional. Omitimos también señalar en cuánto tiempo deberá resolver la Corte el recurso. ¿Cuáles son los efectos de la resolución que dicte la Corte respecto al recurso de revisión?", disponible en: https://legislacion.scjn.gob.mx/Buscador/Paginas/wfProcesoLegislativoCompleto.aspx?q=s6n2if7Uv7A+Z8I0w3ky6Rz2YfI3eWRDqk8+RRS/H4sEKSiI1+n0/nX/ujRFy1kR5uLZjtmplWhKxWpDKjUEQw==

posición del instrumento formal en que se plasme el ejercicio argumentativo y legal en que se sustenta la acción.[162]

En el proceso de dictaminación por parte de la Cámara de Diputados en su carácter de revisora, del proyecto de decreto por el que se expide la Ley Federal de Transparencia y Acceso a la Información Pública, en torno al recurso de revisión en materia de seguridad nacional, se estableció:

> DÉCIMA. - Respecto a las distintas observaciones del Recurso de Revisión en materia de Seguridad Nacional, se establece lo siguiente:
>
> 1.– Se ha manifestado que la minuta no es precisa en cuanto a la definición del concepto de seguridad nacional, que las facultades del Consejero Jurídico del Ejecutivo Federal no están acotadas y que se debió haber creado un capítulo específico relativo a la tramitación del citado recurso.
>
> 2.– Se ha observado que al tratarse de un procedimiento de la mayor relevancia, debe considerarse como terceros interesados al recurrente y al sujeto obligado, así como autoridad responsable al INAI.
>
> (...)
>
> Esta Comisión debe advertir que dicho recurso, así como aquellos que corresponde sustanciar al propio INAI en el ejercicio de sus facultades generales, no deben ser regulados por leyes en el ámbito legislativo federal. Es decir, corresponde a la Ley General, de incidencia válida en todos los órdenes de gobierno, su regulación. Tal es el caso, que aquellos procedimientos donde el INAI actúa como autoridad del orden jurídico constitucional (atracción e inconformidad), tampoco están desarrollados en la Minuta.
>
> (...)
>
> En lo referente al Recurso de Revisión en materia de Seguridad Nacional, la intervención del Consejero Jurídico del Ejecutivo Federal, no es en contra de las resoluciones del Instituto en cuanto al ejercicio de facultades federales, puesto que la Ley General estableció que la interposición de tal recurso es procedente cuando se considere que las resoluciones emitidas por el Instituto ponen en peligro la seguridad nacional. La regulación debe ser en aquella norma en donde incluya todas las esferas

---

162 Dictamen de las Comisiones Unidas de Anticorrupción y Participación Ciudadana de Gobernación, y de Estudios Legislativos Segunda, relativo al Proyecto de Decreto por el que se expide la Ley General de Transparencia y Acceso a la Información, de 18 de marzo de 2015, disponible en: https://legislacion.scjn.gob.mx/Buscador/Paginas/wfProcesoLegislativoCompleto.aspx?q=pwUhdNvCSySjs8D73SRJEOOkKNa3tMUYTZefVaTPo1rZ7Bq+936RHV+E4xD4/c3E2iGyBpspT0cSippF0+nSUA==

de su ámbito de validez, al caso una Ley General, que regula disposiciones de acceso a la información desde una óptica nacional.[163]

En el desarrollo del proceso de dictaminación y tras las valoraciones referidas, las comisiones resolvieron improcedente la incorporación de una disposición en la que se precisaran las partes en el recurso; de manera particular, se desestimó el hecho de considerar como terceros interesados al solicitante de la información y al sujeto obligado, así como una definición precisa del concepto de seguridad nacional para efectos del recurso extraordinario.[164] Esto, consideró la Cámara revisora, puesto que se trata de una materia que habría de ser normada, en su caso, por la Ley General, al tratarse de atribuciones que ejerce el INAI no en su carácter de autoridad federal, sino como órgano con autonomía constitucional. Es decir, en su calidad de entidad nacional.

De las anteriores referencias, se desprende que no existió en el proceso de dictaminación de la reforma a la Constitución y de las leyes general y federal de transparencia y acceso a la información, un

---

163 Dictamen de la Dictamen de la Comisión de Gobernación, de la Cámara de Diputados, con Proyecto de Decreto por el que se expide la Ley General de Transparencia y Acceso a la Información, de 15 de abril de 2015, disponible en: https://legislacion.scjn.gob.mx/Buscador/Paginas/wfProcesoLegislativoCompleto.aspx?q=pwUhdNvCSySjs8D73SRJEOOkKNa3tMUYTZefVaTPo1rZ7Bq+936RHV+E4xD4/c3EPJlpBOB6I78svqNvLS0FWQ==

164 Se proponía la incorporación de un nuevo artículo:
Artículo 163 bis. Serán partes en el recurso de revisión en materia de seguridad nacional:
I. El Consejero Jurídico del Ejecutivo Federal.
II. El instituto como autoridad responsable, al haber emitido la resolución en la que se instruye a entregar información.
III. El tercero interesado, pudiendo tener tal carácter:
a. El recurrente, al trascender a la esfera jurídica de éste la determinación que se adopte en el recurso.
b. El sujeto obligado ante quien se presentó la solicitud de acceso a la información.
En todo momento, los Ministros tendrán acceso a la información clasificada para determinar su naturaleza, según se requiera.
La tramitación de este recurso se hará en los términos que se establecen en el Capítulo IV denominado "del Recurso de Revisión en materia de Seguridad Nacional", del Título Octavo de la Ley General, así como de acuerdo a lo señalado en el Título II De las Controversias Constitucionales de la Ley Reglamentaria de las fracciones I y II del artículo 105 de la Constitución Política de los Estados Unidos Mexicanos, en todo lo que no contravenga los límites constitucionales establecidos en el artículo 6º, apartado A constitucional.

pronunciamiento específico con relación a la naturaleza jurídica del recurso de revisión en materia de seguridad nacional. Asimismo, tal y como fue referido en el dictamen citado de la Cámara de Diputados a la Ley Federal de Transparencia y Acceso a la Información Pública, la regulación de este recurso extraordinario se encuentra en la Ley General de los artículos 189 al 193. Al respecto, estos son los factores de mayor relevancia:

1. Únicamente el Consejero Jurídico del Gobierno Federal puede promover el recurso de revisión directamente ante la Suprema Corte de Justicia de la Nación, cuando considere que las resoluciones emitidas por el Instituto ponen en peligro la seguridad nacional.
2. El recurso deberá interponerse dentro de los siete días siguientes a aquel en que se notifique la resolución al sujeto obligado.
3. La Suprema Corte de Justicia de la Nación determinará de inmediato sobre la suspensión de la ejecución de la resolución y proveerá sobre su admisión o improcedencia.
4. El Consejero Jurídico deberá señalar la resolución que se impugna, los fundamentos y motivos por los que considera que se pone en peligro la seguridad nacional, así como los elementos de prueba necesarios.
5. La información reservada o confidencial que requiera la Suprema Corte de Justicia de la Nación para resolver el asunto, no formará parte del expediente, y los Ministros tendrán acceso en todo momento a la información para poder resolver el asunto.
6. La Suprema Corte de Justicia de la Nación resolverá con plenitud de jurisdicción y no procederá el reenvío.

Estos son los elementos esenciales que prevé la Ley General de Transparencia y Acceso a la Información Pública respecto al recurso de revisión en materia de seguridad nacional. Por su parte, desde el primer recurso promovido por el Consejero Jurídico Federal en contra de una resolución del INAI que ordenaba entregar las bitácoras de vuelo de la flota aérea a disposición de la presidencia de la República, durante el periodo comprendido de agosto a octubre de

2014,[165] así como el nombre de los pasajeros y la tripulación, el cual fue resuelto por la Suprema Corte de Justicia de la Nación, se estableció en relación a la naturaleza del recurso lo siguiente:

> (...) es claro que el recurso de revisión en materia de seguridad nacional no puede suponer un medio de defensa de la legalidad de todas y cada una de las cuestiones resueltas por el INAI, como si se tratara de una segunda instancia; de ahí que, por su propia naturaleza, el recurso se limita al análisis de aquéllas determinaciones, ya sean de carácter sustantivo o adjetivo, que tengan como resultado la divulgación de cierta información que, a juicio de las autoridades responsables o sujetos obligados, pueda poner en peligro la seguridad nacional; cuestión que será resuelta de manera definitiva y con plena jurisdicción por esta Suprema Corte de Justicia de la Nación.[166]

De esta transcripción se desprenden una serie de elementos que precisan la naturaleza y alcances del recurso extraordinario al que hacemos referencia. En primera instancia es fundamental reiterar que no es un recurso de legalidad, en donde se analicen las diversas cuestiones resueltas por el INAI, lo que implica que no se revisará por parte de la Suprema Corte la fundamentación o motivación de la resolución, o bien, la actualización de alguna causal de reserva de información diversa a la seguridad nacional, en tanto que únicamente se limitará a analizar si lo resuelto por la autoridad administrativa en relación con la información que debe entregarse, puede poner en peligro la seguridad nacional.

A su vez, se establece en concordancia con lo que dispone la Ley General, que el Máximo Tribunal resolverá la cuestión planteada de forma definitiva y con plena jurisdicción. Esto último, es indispensable aclararlo, no presupone que la propia Suprema Corte pueda suplir la deficiencia de la queja del recurrente, o bien, que se sobreponga en los argumentos esgrimidos por la Consejería Jurídica y realice una prueba de daño. Dada su naturaleza y función constitucional, se

---

165 RDA 0740/15, Instituto Nacional de Transparencia, Acceso a la Información y Protección de Datos Personales. Es de precisarse que este recurso fue resuelto por el INAI al amparo de la abrogada Ley Federal de Transparencia y Acceso a la Información Pública Gubernamental.

166 Suprema Corte de Justicia de la Nación, recurso de revisión en materia de seguridad nacional 1/2015, 3 de abril de 2017, disponible en: https://www2.scjn.gob.mx/ConsultasTematica/Resultados/-0-0-102-1-2015

trata de una instancia de estricto derecho, en la que se debe resolver exclusivamente a partir de lo propuesto por la Consejería Jurídica y el sujeto obligado, en su caso, y de las propias valoraciones del INAI en la resolución combatida. Se trata entonces de una litis cerrada, en la que no es posible ampliar la base argumentativa y probatoria propuesta por la parte recurrente.

Esto es así, ya que la esencia conceptual del recurso de revisión es el derecho de acceso a la información y el contraste que se haga de este frente al concepto de seguridad nacional. No es la valoración abstracta de la seguridad nacional lo que se resuelve en esta sede, aun cuando las determinaciones del Máximo Tribunal tengan como efecto contingente la delimitación del concepto a partir de su apreciación casuística. Sino que es así porque las restricciones al derecho humano de acceso a la información deben ser interpretadas de forma restrictiva, por lo que dar primacía a la seguridad nacional, como eje de análisis, hace que se pierda de vista que lo que está en juego es, precisamente, el ejercicio de un derecho fundamental. Al respecto, en la resolución dictada en el juicio de amparo 591/2018 se dispuso que:

> (…) es imperativo que se dote de la mayor presunción de publicidad y transparencia (bajo estándar estrictamente excepcional de reserva) a toda aquella información que tienda a evidenciar si las autoridades del Estado han actuado bajo los límites de sus atribuciones previstas en las leyes o bien excedido el marco de las normas aplicables con respecto a los derechos humanos de los justiciables.[167]

Lo anterior quiere decir que aun y cuando se esté en sede Constitucional y ante la consideración de la Consejería Jurídica del Ejecutivo Federal respecto a que una resolución del Órgano Garante Nacional puede vulnerar la seguridad nacional, eso no retira ni elimina la presunción de publicidad o transparencia. Por el contrario, el hecho de que el planteamiento comprenda la posible restricción al ejercicio de un derecho humano conlleva necesariamente que el análisis jurisdiccional se realice con miras a preservar esa presunción y únicamente derrotarla, en caso de que los argumentos del recurrente demuestren que en efecto se está ante un posible daño real,

---

[167] Amparo Indirecto 591/2018, del Juzgado 8° de Distrito de la Ciudad de México.

demostrable e identificable a la seguridad nacional. Dicha valoración fue retomada por el Pleno de la Suprema Corte al expresar que "las excepciones deben ser interpretadas restrictivamente, es decir, de forma que se favorezca el derecho de acceso a la información, se satisfaga un objetivo legítimo y siempre y cuando dichas restricciones sean necesarias para satisfacer un interés público imperativo".[168]

De lo anterior, el recurso de revisión en materia de seguridad nacional tiene como características esenciales el que el derecho de acceso a la información pública debe ser el enfoque principal, aun cuando el solicitante de la información no sea parte en el mismo. A su vez, se trata de un recurso de legalidad en el que, en respeto a la autonomía del Instituto Garante, el recurso debe restringirse a analizar los agravios del recurrente, así como a evaluar la prueba de daño realizada por el sujeto obligado y complementada por la Consejería Jurídica. Por esta razón, la valoración debe limitarse a la valoración estricta sobre seguridad nacional y no a la legalidad de la resolución impugnada en su conjunto. De esto se desprende que se trata de un recurso de estricto derecho, principalmente ante el hecho que el recurrente es una autoridad, quien no podría suplirse en la deficiencia de la queja y limitarse, por tanto, a analizar lo esgrimido en el recurso sin que pueda la Suprema Corte sustituirse en el sujeto obligado para realizar una prueba de daño. Por último, el Máximo Tribunal tiene libertad de jurisdicción (que no se contrapone con el hecho de que el recurso sea de estricto derecho); esto significa que no se devuelve al INAI, sino que debe resolver en definitiva si la resolución impugnada tiene el potencial o no, de vulnerar la seguridad nacional.[169] En consecuencia, al recurso de revisión en materia de seguridad nacional, además de lo que establece la Ley General que lo regula, tiene las siguientes cualidades y características:

1. El derecho de acceso a la información pública debe ser el enfoque principal del recurso. No obstante lo anterior, es relevante la definición progresiva, así como los alcances y limitaciones al concepto de seguridad nacional.

---

168 Op. Cit. Recurso de Revisión en materia de seguridad nacional 1/2015.

169 Al respecto, revísese el voto particular del Ministro José Ramón Cossío Díaz, emitido en el recurso de revisión en materia de seguridad nacional 1/2015, disponible en: https://www2.scjn.gob.mx/ConsultasTematica/Detalle/187344

2. Se trata de un recurso extraordinario en contra de la resolución de un órgano con autonomía constitucional, por lo que la litis se cierra con lo expuesto por el recurrente y lo resuelto por el INAI. Éste tiene la oportunidad de realizar manifestaciones y alegatos.
3. Se trata de un recurso en el que la Suprema Corte debe limitarse a analizar si los agravios expresados por el Consejero Jurídico son fundados o infundados, y en consecuencia, si es procedente la reserva de la información en términos de la prueba de daño realizada por el sujeto obligado y complementada por el recurrente. Esto significa que la resolución del INAI no es motivo de análisis fuera de la valoración en torno a la seguridad nacional.
4. Se trata de un recurso de estricto derecho, en tanto que el recurrente es una autoridad. Asimismo, la Corte no debe suplir la deficiencia de la queja o generar argumentos adicionales en torno a la entrega de la información. Debe limitarse, en cambio, a la valoración de lo expresado por el recurrente y en esa medida, a lo resuelto por el INAI.
5. La Suprema Corte de Justicia de la Nación tiene libertad de jurisdicción para resolver en definitiva la cuestión efectivamente planteada, lo que significa que no se devuelve jurisdicción al INAI, que no se contradice con que el recurso sea de estricto derecho.

C) PRUEBA, DEFERENCIA Y TEORÍA DEL MOSAICO

Vale la pena hacer mención del hecho de que la Suprema Corte de Justicia de la Nación ha establecido que no debe otorgar deferencia especial o extraordinaria a los actos emitidos por el Instituto Nacional de Transparencia, en tanto que el parámetro de análisis respecto a esta autoridad administrativa es el marco constitucional general de protección de los derechos humanos reconocidos en la Constitución. De tal forma que la Segunda Sala de la Suprema Corte resolvió que:

> (...) los órganos del Poder Judicial de la Federación, en su carácter de jueces constitucionales, no están constreñidos a tener alguna deferen-

> cia especial en relación con los actos, normas, omisiones o interpretaciones que efectúe el INAI, pues su parámetro de análisis lo constituye el marco constitucional general de protección de los derechos humanos reconocidos en la Constitución y en los tratados internacionales aplicables.
>
> Esto, contrariamente a lo alegado por el Instituto, no implica que el tribunal de amparo se sustituya en las funciones del órgano garante del derecho al acceso a la información y protección de datos; simplemente implica el pleno ejercicio de la facultad de efectuar el control de la regularidad constitucional de las normas generales, actos u omisiones de una autoridad del Estado mexicano, en términos de las facultades conferidas a los órganos del Poder Judicial de la Federación por la Constitución Política de los Estados Unidos Mexicanos; máxime cuando en la Ley Suprema no se estableció restricción o salvedad alguna respecto de los actos del IFAI, hoy INAI, para que los particulares que se sientan agraviados por una determinación o resolución de ese organismo constitucional autónomo puedan acudir a solicitar la protección de la justicia constitucional por la vía del juicio de amparo.[170]

Este es un precedente muy importante porque reconoce lo que sería obvio en sede constitucional, y es la competencia del Poder Judicial de la Federación para analizar y resolver sobre la regularidad de las resoluciones del órgano constitucional autónomo responsable de garantizar el cumplimiento del derecho de acceso a la información y protección de datos personales. Por otro lado, y tal vez más destacable, se precisa que no se debe tener deferencia especial hacia el INAI, ya que su parámetro de análisis son los derechos humanos reconocidos por la Constitución. Lo que estimamos correcto en tanto que el INAI, al ser un órgano de garantía de dos derechos fundamentales, resuelve los asuntos de su competencia en términos de lo que estable-

---

170 Segunda Sala de la Suprema Corte de Justicia de la Nación, amparo en revisión 237/2015, 24 de febrero de 2016, disponible en: https://www2.scjn.gob.mx/ConsultasTematica/Detalle/182730. De esta resolución derivó la tesis de jurisprudencia: Tesis: 2a. XIX/2016 (10a.) ACCESO A LA INFORMACIÓN PÚBLICA Y PROTECCIÓN DE DATOS PERSONALES. AL RESOLVER LOS JUICIOS DE AMPARO RELACIONADOS CON ESTOS DERECHOS, LOS ÓRGANOS DEL PODER JUDICIAL DE LA FEDERACIÓN NO ESTABAN OBLIGADOS A LIMITAR SU ANÁLISIS A LA INTERPRETACIÓN REALIZADA POR EL INSTITUTO NACIONAL DE TRANSPARENCIA, ACCESO A LA INFORMACIÓN Y PROTECCIÓN DE DATOS PERSONALES, Semanario Judicial de la Federación, Décima Época, Mayo de 2016, disponible en: https://sjf2.scjn.gob.mx/detalle/tesis/2011608

ce la propia Constitución. Desde dicha perspectiva, la Suprema Corte no reconoce presunción reforzada de corrección técnica y jurídica de sus resoluciones, como sí lo tienen otras entidades, por ejemplo, el Instituto Federal de Telecomunicaciones o la Comisión Reguladora de Energía,[171] en el ámbito de sus atribuciones competenciales. Siendo así, a partir de esta resolución, no existe deferencia técnica a la agencia del Estado encargada de garantizar los derechos de acceso a la información y protección de datos personales.[172]

Si no existe deferencia al órgano garante nacional por parte del Poder Judicial de la Federación en asuntos en los que particulares impugnan sus determinaciones, resulta evidente que no lo habrá

---

171 Segunda Sala de la Suprema Corte de Justicia de la Nación, Amparo en Revisión 706/2017 8 de noviembre de 2017, disponible en: https://www2.scjn.gob.mx/ConsultasTematica/Resultados/-0-0-2-737-2015, en el que se reconoce que: "los Órganos Reguladores Coordinados en Materia Energética emiten sus determinaciones sobre un área estratégica de relevancia nacional que constitucional y legalmente gozan de una presunción reforzada de corrección técnica y jurídica que no debe o puede ser materia de injerencia por parte del Poder Judicial Federal, a menos de que se trate de actos que sean evidentemente inconstitucionales o que vulneren de forma directa y preponderante los derechos fundamentales de la parte quejosa".

172 Es un tema por demás relevante, dado que el precedente que se comenta es del año 2016. Por su parte, en el año 2022, la misma Segunda Sala de la Suprema Corte de Justicia de la Nación emitió la resolución en el amparo en revisión 1263/2021, por el que reconoce al INAI la facultad regulatoria para emitir normas administrativas de carácter general tanto en materia adjetiva como sustantiva, incluido en materia de derecho administrativo sancionador. En ese sentido, los precedentes en materia regulatoria han sido consecuentes con deferir a la agencia del Estado (que constituye parte de la naturaleza del Estado regulador) cuando se trata de criterios técnicos o especializados. De esto, habrá que esperar a conocer si en función de este precedente, la SCJN modifica su criterio en torno a la deferencia o reconocimiento de la presunción reforzada de corrección técnica al INAI. De la sentencia referida, se desprende la siguiente tesis de jurisprudencia: Tesis: 2a./J. 17/2023 (11a.), INSTITUTO NACIONAL DE TRANSPARENCIA, ACCESO A LA INFORMACIÓN Y PROTECCIÓN DE DATOS PERSONALES. DADO SU CARÁCTER DE ÓRGANO CONSTITUCIONAL AUTÓNOMO, CUENTA CON ATRIBUCIONES PARA EMITIR NORMAS GENERALES TANTO SUSTANTIVAS COMO ADJETIVAS EN MATERIA DE PROTECCIÓN DE DATOS PERSONALES, INCLUIDAS AQUELLAS EN MATERIA DE DERECHO ADMINISTRATIVO SANCIONADOR, Semanario Judicial de la Federación, Decimoprimer Época, Marzo de 2023, disponible en: https://sjf2.scjn.gob.mx/detalle/tesis/2026242

tampoco en el recurso de revisión en materia de seguridad nacional, máxime que se trata del objeto mismo de la controversia. Ahora, si se entiende el recurso de revisión en materia de seguridad nacional como una controversia entre el INAI y la Consejería Jurídica, en torno a una resolución que se considera que puede poner en peligro la seguridad nacional y en consecuencia restringir el ejercicio de un derecho fundamental, es necesario que se tome en cuenta todo aquello que se debe acreditar y probar para que se concluya que, en efecto, la información en cuestión podría vulnerar la seguridad nacional.

En principio se debe demostrar que la divulgación de la información representa un riesgo real, demostrable e identificable de perjuicio significativo a la seguridad nacional, que este perjuicio supera el interés público de que la información se difunda y que la restricción es proporcional y representa el medio menos restrictivo disponible. Es decir, la prueba de daño que debe realizar el sujeto obligado a quien se le solicita la información.[173] Por su parte, no solo debe comprometerse en abstracto la seguridad nacional para que se actualice la causal de reserva, sino que debe contar con un propósito genuino y efecto demostrable.[174] Esto quiere decir que para que se haga efectiva la restricción al ejercicio del derecho de acceso a la información, debe demostrarse el riesgo que representa esa información para la seguridad nacional.

Como ya se mencionó, el recurso extraordinario es de estricto derecho, por lo que la Suprema Corte no puede incorporar o sustituir la deficiencia de los argumentos del recurrente. Bajo este supuesto, se ha resuelto que "corresponde al recurrente acreditar mediante elementos objetivos que la difusión podría causar daño en términos de seguridad nacional".[175] Lo que quiere indicar que, en cualquier caso, la carga de la prueba es de la Consejería Jurídica, pues como lo expresó la Suprema Corte en el recurso de revisión 8/2022, "el

---

173 Artículo 104 de la Ley General de Transparencia y Acceso a la Información Pública.

174 Artículo 113, fracción I de la Ley General de Transparencia y Acceso a la Información Pública.

175 Suprema Corte de Justicia de la Nación, recurso de revisión en materia de seguridad nacional 2/2017, 30 de octubre de 2017, disponible en: https://www2.scjn.gob.mx/ConsultasTematica/Detalle/217340

recurso de revisión en materia de seguridad nacional es un recurso en el que conforme al artículo 105 de la Ley General de Transparencia y Acceso a la Información Pública la carga de la prueba para justificar toda negativa de acceso a información corresponde a la recurrente".[176] En todo caso, lo que corresponde a la Suprema Corte es valorar la ponderación realizada a efecto de resolver si en efecto se podría o no vulnerar la seguridad nacional.[177]

La temporalidad, por su parte, juega un papel crucial en el análisis que se realice, en tanto que se trata de una potencial vulneración o riesgo a la seguridad nacional y no de un acto consumado. Lo que significa que la valoración realizada tanto por el sujeto obligado como por el Instituto Nacional de Transparencia y la Consejería Jurídica, así como por la Suprema Corte, se realiza en función de un ejercicio hipotético de realización incierta. Esto quiere decir que aquello que revisará la Corte se trata de supuestos conceptuales a partir de los cuales debe crearse una situación que se proyecta hacia el futuro y que, en función de las argumentaciones realizadas por la recurrente, se puede concluir si en efecto se pone en riesgo la seguridad nacional. Es decir, "deberá analizarse la racionalidad de cualquier expectativa de que el daño ocurra".[178] Se trata de un ejercicio especulativo. En sentido contrario, de haberse realizado la entrega de la información, los efectos serían consumados de forma irreparable. Por esta razón es que la suspensión de la ejecución de la resolución se otorga de plano. Esta situación hipotética e intangible de afectación a la seguridad nacional debe analizarse con todo rigor por parte del Tribunal Constitucional puesto que, como ya se mencionó, lo que está en el centro del recurso extraordinario es la restricción de un derecho fundamental.

---

176 Suprema Corte de Justicia de la Nación, recurso de revisión en materia de seguridad nacional 8/2022, 17 de agosto de 2023, disponible en: https://www2.scjn.gob.mx/ConsultasTematica/Detalle/300405

177 En el recurso de revisión 1/2020, en el que se solicitó información con relación a la lista de personas bloqueadas por la Unidad de Inteligencia Financiera, con relación al estándar probatorio, la Suprema Corte consideró que "el agravio es infundado ya que se basa en generalidades, que no evidencian un supuesto específico de probable vulneración a la seguridad nacional, ni explica cómo es que la resolución impugnada podría tener tal consecuencia".

178 Op. Cit., recurso de revisión en materia de seguridad nacional 1/2015.

De esto se desprende un cuestionamiento relevante. ¿Qué sucede en el caso de que el sujeto obligado no realice una prueba de daño, lo haga de forma inadecuada o no alegue razón alguna relacionada con seguridad nacional, como fundamento para negar la entrega de la información? Es decir, en el caso que el sujeto obligado haya sido omiso en la valoración del peligro que posiblemente correría la seguridad nacional, generará como consecuencia que el INAI tampoco analice la materia de seguridad nacional. En sede constitucional, la Consejería Jurídica debe forzosamente hacer valer argumentos que tienden a acreditar precisamente que la información en cuestión pone en peligro a la seguridad nacional. De ser así el caso, en primera instancia, el recurso de revisión en materia de seguridad nacional pareciera que se desvirtúa y se convierte en una segunda instancia generando, a su vez, una vulneración a la naturaleza de las resoluciones de órgano garante. Es decir, una segunda oportunidad para reservar la información, por diversa causal.

Desde esta óptica, y en línea con lo que se ha establecido en torno a la naturaleza del recurso como uno de estricto derecho, en el recurso de revisión en materia de seguridad nacional 10/2022 se resolvió que:

> (...) era la Secretaría de Medio Ambiente y Recursos Naturales quien debió haber realizado la clasificación de la información solicitada en caso de que considerara que podría comprometer la seguridad nacional y comunicarlo dentro de los plazos legales establecidos, fundando y motivando su decisión, al peticionario... no le corresponde al INAI motu proprio determinar la actualización de causales de reserva sobre clasificación de la información no argumentadas por el sujeto obligado al resolver el recurso de revisión que se derive de la solicitud de información. En tanto que estos procedimientos sólo constituyen un mecanismo imparcial, independiente y autónomo para revisar las decisiones de los sujetos obligados, sin que el Instituto pueda probar y argumentar excepciones que no hubieran sido objeto de la respuesta del sujeto obligado, ya que en términos del artículo 6°, apartado A, fracciones IV y VI, de la Constitución Federal y los antes referidos de la Ley General de la materia, la responsabilidad por el manejo y clasificación de la información corresponde primigeniamente a los sujetos obligados.[179]

---

179 Suprema Corte de Justicia de la Nación, recurso de revisión en materia de seguridad nacional 10/2022, 6 de febrero de 2024, disponible en: https://www2.scjn.gob.mx/ConsultasTematica/Detalle/305654

De esto se concluye que, en términos de este precedente, son los sujetos obligados quienes deben, en primera instancia, realizar una valoración en torno a la potencial vulneración a la seguridad nacional. Resta valorar si en efecto este requisito es consistente con lo que establece el artículo 6° de la Constitución y, en su caso, si es acorde con la naturaleza del propio recurso como de estricto derecho. Desde esa óptica, si bien se considera que sería preferible que sea el propio sujeto obligado el que realice la valoración sobre la potencial vulneración a la seguridad nacional, es preciso indicar que no todas las autoridades se encuentran próximas a la materia o núcleo de seguridad nacional, por lo que estimamos que no podría considerarse como un requisito de procedencia para el recurso de revisión ante la Suprema Corte el que así lo haya hecho valer desde un inicio el sujeto obligado. En ese sentido, coincidimos con la apreciación de la Ministra Ríos Farjat en su voto aclaratorio al recurso de revisión 10/2022, en el que expresó:

> (…) a quien corresponde calibrar que la transparencia en un quehacer público puede poner en riesgo la seguridad nacional es a la Consejería, no al sujeto obligado; de hecho, este artículo habla de "las resoluciones del INAI que pongan en peligro la seguridad nacional", es decir, no se refiere a los motivos por los cuales el sujeto obligado rechazó proporcionar la información solicitada por la vía de transparencia, sino a la decisión del INAI.[180]

En términos de lo que establece el artículo 6° de la Constitución y la Ley General en la materia, la facultad de la Consejería Jurídica consiste en impugnar directamente las resoluciones del INAI cuando estime que tienen el potencial de vulnerar la seguridad nacional. Esto significa que es a esta autoridad a quien compete realizar una valoración sobre la materia de seguridad nacional frente a la información en cuestión y no a cualquier sujeto obligado del ámbito federal. De lo contrario, la cualidad formal del sujeto obligado como instancia de seguridad nacional cobraría mayor relevancia que, como ya fue revisado, no es argumento suficiente o válido para reservar

---

180 Suprema Corte de Justicia de la Nación, Voto aclaratorio de la Ministra Ana Margarita Ríos Farjat, en el recurso de revisión en materia de seguridad nacional 10/2022, de 6 de febrero de 2024, disponible en: https://www2.scjn.gob.mx/ConsultasTematica/Detalle/305654

la información.[181] Siendo así, si bien es preferible que desde la sede administrativa se pudieran analizar las posibles consecuencias de la entrega de cierta información, es cierto que esto no debe limitar el análisis que la Suprema Corte realice de lo resuelto por el INAI, frente a las argumentaciones que exponga la Consejería Jurídica.

Desde esta perspectiva, es necesario revisar el estándar de valoración y análisis que se impone a la Consejería Jurídica por cuanto hace a la acreditación de la prueba de daño, como único referente normativo conceptual, a partir del cual la Suprema Corte podría determinar que la información en cuestión pudiera poner en riesgo a la seguridad nacional. Ya se dijo que se trata de una instancia de estricto derecho, por lo que no procede la suplencia de la queja al tratarse de un procedimiento en el que un posible resultado es la restricción a un derecho fundamental y que el recurrente es una autoridad.

En ese sentido, la prueba de daño prevista en el artículo 104 de la Ley General de Transparencia y Acceso a la Información consiste en la argumentación que deben realizar los sujetos obligados para acreditar que la información representa un riesgo real, demostrable e identificable de perjuicio significativo al interés público o a la seguridad nacional. A su vez, debe identificar y demostrar que el riesgo que supone divulgar la información es superior al interés público de que se difunda y que la limitación se adecua al principio de proporcionalidad. De los elementos de los que se compone la prueba de daño a que se ha hecho ya referencia, se desprende que se trata de una valoración argumentativa por parte del sujeto obligado o, en su caso, de la Consejería Jurídica y no una cuestión que se encuentre dentro del ámbito y lógica probatoria. Al respecto, la siguiente valoración:

181 Al respecto, en el recurso de revisión en materia de seguridad nacional 27/2021, el Tribunal Pleno de la Suprema Corte de Justicia de la Nación dispuso que "... la actualización de las hipótesis de reserva por materia de seguridad nacional no puede fundamentarse en el simple hecho de que el sujeto obligado cuente con facultades relacionadas con la seguridad nacional. Es decir, tal reserva no puede generase por una mera conexión funcional u orgánica del sujeto obligado, sino por la existencia de elementos objetivos que permitan determinar si, con la difusión de la información solicitada, se causaría un daño presenta, probable y específico a la seguridad nacional".

> (…) la prueba de daño establece líneas argumentativas mínimas que deben cursarse, a fin de constatar que la publicidad de la información solicitada no ocasionaría un daño a un interés jurídicamente protegido, ya sea de índole estatal o particular. Por tanto, al tratarse de un aspecto constreñido al ámbito argumentativo, la validez de la prueba de daño no depende de los medios de prueba que el sujeto obligado aporte, sino de la solidez del juicio de ponderación que se efectúe en los términos señalados.[182]

Este criterio estima que la prueba de daño, no obstante su denominación, no se halla propiamente en el ámbito probatorio, sino en uno argumentativo, lo que se estima consistente con el diseño normativo de la propia prueba de daño. Esto no quiere decir, por supuesto, que no se acompañe de diversos elementos de convicción. Dependiendo el caso serán necesarios diversos elementos de prueba para demostrar que existe, en efecto, una afectación a la seguridad nacional, los cuales darán una conclusión empírica a la prueba de daño; o bien, se necesitará contar con un elemento objetivo a partir del cual inicie la prueba de daño. En el entendido de que los primeros se posicionarían al final de la prueba de daño, mientras que el segundo se posicionaría al inicio de ésta.

Al respecto, en el recurso de revisión en materia de seguridad nacional 12/2022,[183] la Suprema Corte estimó que no existió evidencia específica que lograra acreditar que el otorgamiento de la información solicitada podría poner en peligro la seguridad nacional. Es decir, ante la ausencia de evidencia documental, no era factible demostrar los extremos que pretendía la Consejería Jurídica, consistentes en hacer valer que la entrega de la denuncia respectiva pondría en

---

182 Tesis: I.10o.A.79 A (10a.), PRUEBA DE DAÑO EN LA CLASIFICACIÓN DE LA INFORMACIÓN PÚBLICA. SU VALIDEZ NO DEPENDE DE LOS MEDIOS DE PRUEBA QUE EL SUJETO OBLIGADO APORTE, Semanario Judicial de la Federación, Décima Época, Noviembre de 2018, disponible en: https://sjf2.scjn.gob.mx/detalle/tesis/2018460

183 Este expediente se relaciona con diversas solicitudes de información en donde se requirió de manera específica la denuncia interpuesta por el Estado mexicano ante la Oficina de la Alta Oficina Comisionada de Naciones Unidas para los Derechos Humanos en contra de la empresa CALICA (Calizas Industriales del Carmen, S.A. de C.V), subsidiaria de la minera estadounidense "Vulcan Materials Company", en torno al desastre ambiental en el Estado de Quintana Roo.

riesgo la seguridad nacional, a partir de la revelación de la política hídrica nacional, entre otras cosas. Dijo así el Máximo Tribunal:

> Dicha relación no es una cuestión que se limite a una plausibilidad de que pueda ser incluida gramaticalmente dentro de la excepción referida, sino que debe existir evidencia necesaria para acreditar la actualización de un supuesto específico y de probable vulneración a la seguridad nacional sobre el documento que se busca reservar, además de explicar cómo es que la resolución impugnada podría tener dicha consecuencia.[184]

Esto quiere decir que la Suprema Corte requirió de evidencia concreta que permitiera demostrar el vínculo entre la entrega de la información y el riesgo a la seguridad nacional. En el caso en cuestión, incluso hizo referencia a que no existe un procedimiento de "denuncia" ante la Oficina de la Alta Comisionada de Naciones Unidas para los Derechos Humanos, por lo que la noción de riesgo resultó inexistente en este caso. Es decir, si bien la acreditación del daño se realiza a través de una valoración argumentativa y la ponderación realizada por parte de las autoridades correspondientes, dependiendo del caso en concreto, los medios probatorios resultarán fundamentales para acreditar la pretensión de la recurrente.

Ya decíamos que, en términos de los precedentes referidos, no existe presunción reforzada de corrección técnica y jurídica sobre las resoluciones del INAI. Es decir, no existe deferencia a la autoridad administrativa encargada de garantizar los derechos de acceso a la información y protección de datos personales. Situación distinta es si la Suprema Corte de Justicia de la Nación defiere al criterio de la Consejería Jurídica o del sujeto obligado, en su caso, tratándose de valoraciones técnicas con relación a potenciales riesgos a la seguridad nacional. Esto bajo el supuesto de que el conocimiento preciso de los alcances, riesgos o consecuencias de revelar la información, lo tendría el propio sujeto obligado.

Si bien se ha hecho ya mención a la naturaleza del recurso de revisión en materia de seguridad nacional, es preciso referir que la Consejería Jurídica, como se verá más adelante, ha buscado integrar

---

184 Suprema Corte de Justicia de la Nación, recurso de revisión en materia de seguridad nacional 12/2022, 8 de febrero de 2024, disponible en: https://www2.scjn.gob.mx/ConsultasTematica/Detalle/306644

la idea de que únicamente las agencias del Estado tienen el conocimiento preciso y cierto de los potenciales riesgos que se pudieran provocar a la seguridad nacional. Esto, a partir del hecho de que cierta información que en su momento y de forma aislada pareciera inocua o inconsecuente, contextualizada con diversas piezas de información podría eventualmente crear patrones que perjudiquen a la seguridad nacional, y esa visión de conjunto únicamente la tiene el sujeto obligado. A esto se le ha denominado la teoría del mosaico, bajo la metáfora de que la concatenación o generación de patrones de información que en una primera instancia no generarían un daño, al ser conjuntados o agregados permiten la integración del conjunto que sí puede provocar un daño a la seguridad nacional.

La teoría del mosaico fue inicialmente utilizada por la Suprema Corte de Estados Unidos, en el caso *CIA vs. Sims* de 1985. El contexto de este caso se establece que "la CIA negó entregar información relacionada con un proyecto denominado MKULTRA, establecido en 1953, para contrarrestar los avances en las técnicas de interrogación soviéticas y chinas".[185] A partir de la información solicitada, la Corte estableció que "el Director de la Agencia de Inteligencia tiene el poder para retener información superficialmente inocua bajo el supuesto de que podría habilitar al observador a descubrir, a través de la elaboración de un mosaico, la identidad de la fuente de inteligencia".[186] La implementación jurisdiccional de la teoría del mosaico comprende una enorme deferencia a las agencias del Estado en materia de seguridad nacional, bajo el supuesto que solo ellas conocen el mosaico o la fotografía completa, con lo cual, es viable que se reserve información que en una primera aproximación pareciera inocua o irrelevante, en tanto que es parte de un constructo mayor que en su conjunto, podría poner en peligro la seguridad nacional. Se trata entonces de una teoría de "sinergia informativa".[187]

---

185 Pozen, E. "The Mosaic Theory, National Security, and the Freedom of Information Act", *The Yale Law Journal*, 628, 2005, p. 643 (traducción propia), disponible en: https://scholarship.law.columbia.edu/faculty_scholarship/573/

186 CIA v. SIMS: 471, Supreme Court of Justice, United States of America, April 16, 1985.

187 Pozen, op. cit., p. 633.

Desde esa perspectiva, el caso Sims "adoptó una teoría que permite al gobierno ampliar considerablemente el universo de información considerada como peligrosa en caso de hacerse pública y adoptó nociones de incompetencia judicial en relación a resoluciones de seguridad nacional".[188] Es así que, bajo este supuesto, los jueces deben deferir al criterio de la instancia de seguridad nacional, en tanto que no tienen una mirada completa del panorama que les permitiera realizar una valoración precisa para calificar la viabilidad de entregar o no la información en cuestión. Incluso en el asunto referido, se estableció que la mera justificación por parte de la agencia del Estado con relación a porque la información conforma parte del conjunto, podría ser riesgoso en sí mismo. La Suprema Corte ha definido la teoría del mosaico de la siguiente manera:

> (...) la "teoría del mosaico" es una herramienta teórica que da cuenta de cómo es que funciona el flujo de la información y con ello la construcción de inteligencia. Es un proceso que describe cómo se recopila, combina y procesa información, de tal manera que convierte información inofensiva en conocimiento útil. La metodología que se utiliza esencialmente consiste en recopilar piezas de información dispersas y después unirlas con la finalidad de tener una visión de conjunto o "mosaico".[189]

Esta teoría parte de la suposición de que existe un adversario presente y permanente a la espera de una pieza de información faltante y que, al revelarla, el rompecabezas se completaría en perjuicio de la seguridad nacional. Se trata de un ejercicio abstracto y especulativo que concluye en una deferencia casi irrestricta a las autoridades, en donde se da prioridad al principio de seguridad nacional y en el que la jurisdicción renuncia a realizar una ponderación de fondo sobre el planteamiento en cuestión. Estimamos que esta teoría debe ser utilizada con mucha cautela, y más que deferir al criterio de la autoridad, lo que debe hacerse es elevarse el nivel del escrutinio en tanto

---

[188] Wells, E. Ch. "CIA v. Sims: Mosaic Theory and Government Attitude", *Administrative Law Review*, University of Missouri, 845, 2006, p. 853, (traducción propia), disponible en: https://scholarship.law.missouri.edu/facpubs/393/

[189] Suprema Corte de Justicia de la Nación, Controversia Constitucional 325/2019,12 de mayo de 2022, disponible en: https://www2.scjn.gob.mx/ConsultasTematica/Detalle/264664

que lo que está en entredicho en un procedimiento como el que nos referimos, es el ejercicio de un derecho fundamental.

La teoría del mosaico ha sido incorporada en las valoraciones y argumentaciones de los recursos de revisión en materia de seguridad nacional. Por ejemplo, en los expedientes 6/2021 y 11/2021 respectivamente, la Consejería Jurídica alegó que:

> (…) la divulgación total de la información de los términos y condiciones contractuales, permite generar un "mosaico" que constituye la información que afecta la seguridad nacional al obstaculizarse o bloquearse las acciones tendientes a prevenir o combatir epidemias o enfermedades exóticas en el país y posibilita la destrucción, inhabilitación o sabotaje de cualquier infraestructura de carácter estratégico o prioritario, así como la provisión de bienes o servicios públicos como lo es el abastecimiento y traslado de vacunas.[190]
>
> Esta teoría del mosaico pone énfasis en el *expertise* de las agencias y dependencias en la materia en cuestión. Estas tienen el mosaico completo y pueden evaluar de mejor manera los riesgos de afectación de dar a conocer la información que por más que se suponga aislada, puede llegar a frustrar el objeto de los contratos.[191]

Es así que la autoridad encargada de cuestionar las resoluciones del órgano garante nacional por considerar que pueden poner en peligro la seguridad nacional ha buscado provocar en el Tribunal Constitucional el criterio de deferencia, bajo el supuesto ya referido de que son las propias instancias de seguridad nacional las que tienen una mirada completa del potencial peligro en cuestión. En su expresión, al referir que las dependencias en la materia tienen la capacidad de evaluar de mejor manera los riesgos de afectación de dar a conocer la información, que se supone aislada, retoma las valoraciones del caso *CIA vs Sims*, pues bajo dicho supuesto los jueces están incapacitados o limitados para observar el fenómeno en su conjunto.

La Suprema Corte no ha deferido a las instancias de seguridad nacional del Estado, sino que ha valorado cada caso en función de

---

190 Suprema Corte de Justicia de la Nación, recurso de revisión en materia de seguridad nacional 10/2022, 16 de mayo de 2022, disponible en: https://www2.scjn.gob.mx/ConsultasTematica/Detalle/285219

191 Suprema Corte de Justicia de la Nación, recurso de revisión en materia de seguridad nacional 11/2021, 21 de agosto de 2023, disponible en: https://www2.scjn.gob.mx/ConsultasTematica/Detalle/285531

su propio contexto y méritos propios. Al respecto, en la Controversia Constitucional 325/2019 estableció lo siguiente:

> (...) a juicio de esta Suprema Corte de Justicia de la Nación el inconveniente de diseño no tiene por qué ser un obstáculo para que los órganos judiciales evalúen con suspicacia la reserva de información por parte de las autoridades mexicanas y así, eviten abusos en la clasificación de información. Dicho en otras palabras, las limitaciones del diseño institucional no equivalen a que en temas tan sensibles como la seguridad pública los tribunales judiciales deban simplemente ser deferentes y aceptar —sin cuestionar— la afirmación de las autoridades sin evaluar el material probatorio aportado a juicio.
>
> Por el contrario, los tribunales deben evaluar si los argumentos esgrimidos por los sujetos obligados efectivamente demuestran una afectación a la seguridad pública, es decir, un tribunal declarará debidamente clasificada cierta información única y exclusivamente cuando el sujeto obligado haya probado que la información aparentemente inofensiva puede comprometer la seguridad del Estado, no así por la simple afirmación de quien en principio se entiende que está en mejor posición de evaluar el riesgo de hacer pública determinada información.
>
> (...) esta Suprema Corte no será deferente con las afirmaciones que hizo la Fiscalía, sino que verificará si entregar la información ordenada por el INAI vulnera o afecta sus principales competencias constitucionales en materia de seguridad pública, las cuales se encuentran directamente reguladas en los artículos 21 y 102 de la Constitución General.[192]

Esta transcripción permite dar cuenta de la forma en que la Suprema Corte de Justicia de la Nación ha valorado tanto el uso de la teoría del mosaico, como la deferencia a las agencias del Estado en la materia. Aun cuando se trata de una controversia constitucional interpuesta por la Fiscalía General de la República en contra de una resolución del INAI, al estimar que la misma invadía su esfera competencial al ordenar revelar el nombre de diversos servidores públicos, sus premisas son aplicables al recurso de revisión en materia de seguridad nacional.

Siendo así, es claro que el Máximo Tribunal, atendiendo a las manifestaciones del actor, valoró en sus términos la argumentación en torno a la teoría del mosaico, por la que se buscaba la deferencia

---

192 Suprema Corte de Justicia de la Nación, Controversia Constitucional 325/2019,12 de mayo de 2022, disponible en: https://www2.scjn.gob.mx/ConsultasTematica/Detalle/264664

correspondiente. No obstante, la Suprema Corte respondió que la teoría del mosaico y sus implicaciones valorativas no pueden ser tomadas en sus méritos, en tanto que no es suficiente la afirmación de que existe una mejor posición para evaluar el riesgo a la seguridad nacional. Sino que, por el contrario, a partir de una valoración respecto al nexo causal y elementos probatorios, el examen de verificación se realizó en torno a si en efecto existió una vulneración, en este caso, a las competencias constitucionales de la Fiscalía General de la República.

Por otro lado, en el recurso de revisión en materia de seguridad nacional 8/2022, la Consejería Jurídica buscó que la Suprema Corte utilizara el precedente referido en torno a la teoría del mosaico. En este caso, el criterio sostenido indicó que para que la teoría del mosaico fuera aplicable, debe ser así argumentado y acreditado por la propia recurrente, reforzando con ello la naturaleza de esta instancia extraordinaria, y solo así podría ser valorado por el Tribunal Constitucional. Dice la resolución:

> (...) la Consejera Jurídica del Gobierno Federal no hizo uso de la "teoría del mosaico" para justificar su tesis principal, esto es, que entregar la información pone en peligro la coordinación interinstitucional en materia de seguridad nacional por revelar datos que pueden ser aprovechados por la delincuencia organizada.
>
> Consecuentemente, el Pleno de la Suprema Corte de Justicia de la Nación concluye que el criterio con el que se resolvió la controversia constitucional 325/2019 no es aplicable al presente recurso de revisión porque derivó de un medio de control constitucional con alcances distintos; la información sujeta a debate permite el conocimiento de aspectos completamente distintos y la Consejera Jurídica del Ejecutivo Federal no hizo valer ningún argumento relacionado con la "teoría del mosaico".[193]

Esta conclusión es relevante, porque reitera que se trata de una instancia de estricto derecho. Pero, sobre todo, en tanto que concluye que no existe deferencia a las instancias de seguridad nacional del Estado mexicano en materia de seguridad nacional. Es decir, la Suprema Corte no considera que existan instancias mejor capaci-

---

193 Suprema Corte de Justicia de la Nación, recurso de revisión en materia de seguridad nacional 8/2022, 17 de agosto de 2023, disponible en: https://www2.scjn.gob.mx/ConsultasTematica/Detalle/300405

tadas para observar o mirar el conjunto del mosaico, sino que, en cualquier caso, al tratarse del ejercicio de un derecho humano y su eventual limitación, debe acreditarse y comprobarse a partir de la demostración de nexos causales y diversos elementos probatorios, como es que cierta información concatenada con otra podría eventualmente poner en riesgo a la seguridad nacional. Y que el "el análisis de la concatenación deberá ser un parámetro para la entrega de la información siempre que la autoridad así lo razone en su negativa de información o venga expresado en los agravios del recurso".[194] Estimar lo contrario, únicamente generaría la obstrucción al ejercicio del derecho de acceso a la información y entregar a la autoridad administrativa una amplísima discreción para negar información que por su naturaleza debe ser pública.

En conclusión, la Suprema Corte de Justicia de la Nación no defiere a las agencias del Estado en materia de seguridad nacional, sino que éstas o la Consejería Jurídica deben argumentar y demostrar que dar a conocer la información en cuestión generará una afectación a la seguridad nacional. Siendo así, si bien se trata de un ejercicio predictivo e hipotético dado que la afectación no se ha generado, ésta debe demostrarse de forma tal que sirva de sustento para la restricción del derecho de acceso a la información. Por su parte, la concatenación como elemento argumentativo para negar la entrega de información puede ser valorada por la Suprema Corte únicamente en la medida en que así lo haga valer la Consejería Jurídica y aquella, sin renunciar a su facultad de control constitucional, analizará los medios de prueba que sean allegados, así como los argumentos y el nexo causal, para efectos de ponderar si la información en cuestión, puede ser vinculada en un contexto tal que genere una afectación a la seguridad nacional.

---

194 Suprema Corte de Justicia de la Nación, recurso de revisión en materia de seguridad nacional 3/2021, 16 de mayo de 2022, disponible en: https://www2.scjn.gob.mx/ConsultasTematica/Detalle/284652

D) RECURSO DE REVISIÓN EN MATERIA DE SEGURIDAD NACIONAL

Del año 2014, en que se reformó el artículo 6º de la Constitución, a la fecha, la Consejería Jurídica del Gobierno Federal ha interpuesto 53 recursos de revisión en materia de seguridad nacional en contra de resoluciones del Instituto Nacional de Transparencia, Acceso a la Información y Protección de Datos Personales. Este apartado tiene como propósito dar cuenta de algunos aspectos cuantitativos y cualitativos de estos recursos, de manera tal que se permita reflejar la manera en que el Poder Ejecutivo Federal ha ejercido esta facultad, así como la forma en que la Suprema Corte de Justicia de la Nación ha resuelto los mismos. Así, se expondrá de forma sistematizada la progresión cronológica, así como una síntesis de las materias objeto de las respectivas impugnaciones y el sentido de lo resuelto por el Tribunal Constitucional.

Recursos de revisión en materia de seguridad nacional interpuestos por año	
Año	**Número de RRMSN interpuestos por la Consejería Jurídica del Poder Ejecutivo Federal**
2015	1
2016	1
2017	2
2018	0
2019	1
2020	1
2021	27
2022	12
2023	6
2024	2

Como se verá a continuación, el incremento en el año 2021 se debió de manera destacada a que la Consejería Jurídica impugnó diversas resoluciones del Instituto Nacional de Transparencia que ordenaba a distintas autoridades, sobre todo del sector salud, a entregar información relacionada con la adquisición de vacunas para contrarrestar los efectos de la pandemia generada por el SARS-CoV2

(COVID-19), como las condiciones de compra, montos económicos, destino de las vacunas, autorizaciones sanitarias, entre otras.

Recursos de Revisión en Materia de Seguridad Nacional			
Materia	**Números de expediente de RRMSN**	**Autoridad - Sujeto Obligado**	**Sentido general de lo resuelto por la SCJN**
Planes/Bitácoras, itinerarios y planes de vuelo de la flota aérea del Estado Mayor Presidencial y/o del Presidente de la República	3 1/2015, 1/2017, 2/2017	Estado Mayor Presidencial	Sentido: Revoca Razón: La información sobre planes de vuelo, aun cuando se trata de un tiempo pasado, podría generar patrones que pongan en peligro a los pasajeros.[195]
Intervención de comunicaciones privadas	1 1/2016	Centro de Investigación y Seguridad Nacional	Sentido: Confirma Razón: El número de aparatos o personas intervenidas no revela información que ponga en peligro la seguridad nacional.[196] En este caso, se trató de información estadística.
Proceso electoral 2006 (bloqueo paseo de la reforma - movimiento Yo Soy 132) y 2012	1 1/2019	Centro Nacional de Inteligencia, Presidencia de la República	Sentido: Confirma Razón: Al tratarse de eventos del pasado, no se genera una amenaza a la seguridad nacional, ni se pone en riesgo la seguridad del Presidente de la República.[197]
Lista de personas bloqueadas por la Unidad de Inteligencia Financiera	1 1/2020	Secretaría de Hacienda y Crédito Público	Sentido: Confirma Razón: No existe un vínculo entre la inclusión o exclusión en lista de personas bloqueadas con la seguridad nacional. Más aun, considerando que la información que haga identificable a las personas eliminadas debe clasificarse como confidencial.[198]

---

195 Suprema Corte de Justicia de la Nación, recurso de revisión en materia de seguridad nacional 1/2015, 3 de abril de 2017, disponible en: https://www2.scjn.gob.mx/ConsultasTematica/Resultados/-0-0-102-1-2015

196 Suprema Corte de Justicia de la Nación, recurso de revisión en materia de seguridad nacional 1/2016, 5 de diciembre de 2016, disponible en: https://www2.scjn.gob.mx/ConsultasTematica/Detalle/202248

197 Suprema Corte de Justicia de la Nación, recurso de revisión en materia de seguridad nacional 1/2019, 5 de julio de 2022, disponible en: https://www2.scjn.gob.mx/ConsultasTematica/Detalle/255325

198 Suprema Corte de Justicia de la Nación, recurso de revisión en materia de seguridad nacional 1/2020, 7 de julio de 2022, disponible en: https://www2.scjn.gob.mx/ConsultasTematica/Detalle/275914

Recursos de Revisión en Materia de Seguridad Nacional			
Materia	**Números de expediente de RRMSN**	**Autoridad - Sujeto Obligado**	**Sentido general de lo resuelto por la SCJN**
Cláusulas económicas o condiciones esenciales de contratación de los contratos de adquisición de vacunas SARS-CoV2 (COVID-19)	16 1/2021, 2/2021, 3/2021, 4/2021, 5/2021, 6/2021 7/2021, 8/2021, 9/2021, 11/2021, 14/2021, 15/2021, 22/2021, 23/2021, 1/2022, 3/2022	Secretaría de Salud	Sentido: Modifica Razón: El riesgo generado al divulgar dicha información consiste en frustrar el objeto fundamental de los contratos celebrados con las farmacéuticas: el suministro de las vacunas contra el COVID-19, lo que podría generar un obstáculo a la acción gubernamental para combatir la pandemia del COVID-19, lo cual, a su vez, representa un riesgo a la seguridad nacional al ser dichas vacunas la base del combate contra la pandemia; por lo que, si llegasen a faltar por la difusión de los comprobantes de pago, se generaría un perjuicio significativo a la seguridad nacional. Incluso, se podrían generar enfoques competitivos, impidiendo ofrecer y mantener las condiciones que se hubiesen obtenido dada la condición del país. Así, estimó que debían reservarse las condiciones esenciales de contratación, que son las siguientes: **precios, costos, detalles y calidad del producto, entregas, garantías, pedidos, facturación, pagos, consecuencias de incumplimiento, propiedad intelectual y responsabilidad,** así como **los datos personales los que sí pueden poner en riesgo la seguridad nacional.**[199]

199 Suprema Corte de Justicia de la Nación, recurso de revisión en materia de seguridad nacional 3/2021, 16 de mayo de 2022, disponible en: https://www2.scjn.gob.mx/ConsultasTematica/Detalle/284652

Recursos de Revisión en Materia de Seguridad Nacional			
Materia	**Números de expediente de RRMSN**	**Autoridad - Sujeto Obligado**	**Sentido general de lo resuelto por la SCJN**
			En esencia, se modifican las resoluciones referidas, dado que en términos generales y con diferencias en cada caso, el INAI ordenó la reserva de la información por un periodo de 2 años y con fundamento en la fracción II del artículo 113 de la Ley General de Transparencia y Acceso a la Información Pública. Siendo así, la SCJN modificó la resolución para que la reserva se hiciera por un plazo de 5 años y con fundamento en la fracción I del numeral citado.[200]
Autorizaciones para el uso y distribución de vacunas SARS-CoV2 (COVID-19)	9 10/2021 (desecha por extemporáneo), 12/2021 (desecha por extemporáneo), 13/2021, 16/2021, 17/2021, 19/2021, 20/2021, 21/2021, 24/2021	Comisión Federal para la Protección Contra Riesgos sanitarios (COFEPRIS)	Sentido: Confirma Razón: Difundir información relacionada al procedimiento para la autorización del uso de emergencia de las vacunas, lejos de causar una afectación a la seguridad nacional, contribuye a consolidar ejercicios democráticos en la ciudadanía, genera confianza en la población que va a ser inmunizada y, entre otras cosas, permite conocer la eficacia de los procesos de autorización para las vacunas.[201]

200 Artículo 113.– Como información reservada podrá clasificarse aquella cuya publicación:
I. Comprometa la seguridad nacional, la seguridad pública o la defensa nacional u cuente con un propósito genuino y efecto demostrable;
II. Pueda menoscabar la conducción de las negociaciones y relaciones internacionales;
(...)

201 Suprema Corte de Justicia de la Nación, recurso de revisión en materia de seguridad nacional 24/2021, 5 de septiembre de 2023, disponible en: https://www2.scjn.gob.mx/ConsultasTematica/Detalle/289278

Recursos de Revisión en Materia de Seguridad Nacional			
Materia	**Números de expediente de RRMSN**	**Autoridad - Sujeto Obligado**	**Sentido general de lo resuelto por la SCJN**
			Únicamente en el caso del RRMSN 24/2021, se dispuso a modificar la resolución del INAI para el efecto de que se testara de la versión pública la información clasificada como confidencial y, en su caso, la reservada en términos del RRMSN 6/2021.
Equipos de refrigeración, lotes y traslado de vacunas SARS-CoV2 (COVID-19)	2 18/2021, 25/2021 (desechado por extemporáneo).	Centro Nacional para la Salud de la Infancia y la Adolescencia (CENASIA) y Secretaría de Salud	Sentido: Confirma Razón: la documentación solicitada no contiene información que pudiera comprometer la seguridad nacional pues se trata de datos numéricos (específicamente cantidades) respecto a los equipos (cámaras de frío, congeladores, refrigeradores, vehículos y termos) que se utilizan para el correcto almacenamiento y distribución de las vacunas a los servicios de salud.[202]
Información relacionada con el Software Pegasus	2 26/2021, 27/2021	Unidad de Inteligencia Financiera de la SHCP	Sentido: Confirma Razón: En este caso, las consideraciones de la Consejería Jurídica giraron en torno a que la UIF es una instancia de seguridad nacional. A lo que la SCJN consideró que el argumento de la autoridad recurrente consistente en que la UIF forma parte de las instancias de seguridad nacional, no constituye una razón válida ni suficiente para justificar tal reserva. Como se ha razonado, ello debe atender más bien a la naturaleza o características de la información que se pretende reservar al amparo de la seguridad nacional y no meramente a las funciones que realice el órgano que cuenta con ella.[203]

202 Suprema Corte de Justicia de la Nación, recurso de revisión en materia de seguridad nacional 18/2021, 5 de septiembre de 2023, disponible en: https://www2.scjn.gob.mx/ConsultasTematica/Detalle/286552

203 Suprema Corte de Justicia de la Nación, recurso de revisión en materia de seguridad nacional 26/2021, 16 de febrero de 2024, disponible en: https://www2.scjn.gob.mx/ConsultasTematica/Detalle/290590

Recursos de Revisión en Materia de Seguridad Nacional			
Materia	**Números de expediente de RRMSN**	**Autoridad - Sujeto Obligado**	**Sentido general de lo resuelto por la SCJN**
Donación de vacunas SARS-CoV2 (COVID-19) a México y de México a terceros.	1 2/2022	Secretaría de Salud	Sentido: Revoca y confirma Razón: 1.– El **importe económico que representó para el Estado Mexicano la donación de vacunas contra el virus SARS-CoV-2, en su carácter de donador**, se estima que resulta ser información que constituye un riesgo para la seguridad nacional del país pues se encuentra estrechamente relacionada con el costo de las vacunas adquiridas por el Estado Mexicano para combatir la pandemia. 2.– Dar a conocer los datos con los que cuenta el Estado respecto a la cooperación internacional en la donación de vacunas contra el virus SARS-Cov-2 **lejos de causar un perjuicio, se traduce en una garantía adecuada en el ejercicio del derecho de acceso a la información pública.**[204]
Caducidad y vacunas no aplicadas SARS-CoV2 (COVID-19)	2 5/2022, 7/2022	Secretaría de Salud	Sentido: Confirma Razón: la divulgación de los datos relativos al número de dosis, de lote y la empresa fabricante de las vacunas que no han sido aplicadas, así como la información relativa a la destrucción de vacunas que han caducado, no se contrapone con la ejecución de la Estrategia Nacional de Vacunación o con el interés público de la ciudadanía mexicana de combatir y prevenir la pandemia generada por el virus SARS-CoV-19.

[204] Suprema Corte de Justicia de la Nación, recurso de revisión en materia de seguridad nacional 2/2022, 31 de agosto de 2023, disponible en: https://www2.scjn.gob.mx/ConsultasTematica/Detalle/294931

Recursos de Revisión en Materia de Seguridad Nacional			
Materia	**Números de expediente de RRMSN**	**Autoridad - Sujeto Obligado**	**Sentido general de lo resuelto por la SCJN**
			Además, con relación a las condiciones esenciales de contratación, ni el Estado mexicano ni las farmacéuticas que suministran las vacunas, han considerado que el número de vacunas de los contratos sea información que deba reservarse.[205]
Declaración patrimonial de servidores públicos de la SEDENA	1 8/2022	Secretaría de la Defensa Nacional	Sentido: Confirma Razón: No se logró justificar que la divulgación de la información representa un riesgo real, demostrable e identificable porque alega la afectación a la seguridad nacional basada en la hipótesis de que algún día, en el futuro, los veintitrés ingenieros militares podrían ejercer el mando de una unidad operativa, sin indicar las circunstancias de tiempo, modo y lugar. A su vez, la Consejera Jurídica del Ejecutivo Federal no aportó evidencia relevante que demuestre que entregar la versión pública de la declaración patrimonial y de intereses lo los militares obstaculizarían su actuación cuando ejerzan el mando de una unidad operativa y tampoco es una cuestión que razonablemente pueda deducirse de las pruebas ofrecidas o algún hecho notorio.[206]

205 Suprema Corte de Justicia de la Nación, recurso de revisión en materia de seguridad nacional 5/2022, 31 de agosto de 2023, disponible en: https://www2.scjn.gob.mx/ConsultasTematica/Detalle/300141

206 Suprema Corte de Justicia de la Nación, recurso de revisión en materia de seguridad nacional 8/2022, 17 de agosto de 2023, disponible en: https://www2.scjn.gob.mx/ConsultasTematica/Detalle/300405

Recursos de Revisión en Materia de Seguridad Nacional			
Materia	**Números de expediente de RRMSN**	**Autoridad - Sujeto Obligado**	**Sentido general de lo resuelto por la SCJN**
Denuncia presentada ante la Alta Comisionada de Naciones Unidas para los Derechos Humanos - caso CALICA	2 10/2022, 12/2022	Secretaría de Medio Ambiente y Recursos Naturales	Sentido: Confirma Razón: No existe ningún medio de convicción para sostener una relación necesaria e indispensable que relacione cómo el posible cauce que tendría el documento solicitado que se presentó ante la Oficina del Alto Comisionado de Naciones Unidas para los Derechos Humanos se relaciona o podría significar una amenaza a la seguridad nacional al constituir un acto tendiente a destruir o inhabilitar infraestructura de carácter estratégico o indispensable para la provisión de bienes o servicios públicos, incluyendo el servicio de agua.[207]
Informes diarios del Monitoreo epidemiológico	1 11/2022	Dirección General de Epidemiología	Sentido: Confirma Razón: El que se dé a conocer el monitoreo dado al fenómeno epidemiológico, en forma alguna puede poner en entredicho el suministro de vacunas, como base fundamental para el éxito de la Estrategia Nacional de Vacunación emprendida por el Gobierno Federal en el actual contexto de la pandemia del COVID-19. Razón por la que la difusión de la información consistente en los informes diarios de monitoreo epidemiológico, informes diarios de riesgos estatales y monitoreo de medios no implica un riesgo o amenaza a la seguridad nacional, pues no obstaculiza o bloquea actividades de inteligencia sobre acciones tendientes a combatir epidemias o enfermedades exóticas, en específico, el COVID-19.[208]

[207] Suprema Corte de Justicia de la Nación, recurso de revisión en materia de seguridad nacional 10/2022, 6 de febrero de 2024, disponible en: https://www2.scjn.gob.mx/ConsultasTematica/Detalle/305654

[208] Suprema Corte de Justicia de la Nación, recurso de revisión en materia de seguridad nacional 11/2022, 1 de febrero de 2024, disponible en: https://www2.scjn.gob.mx/ConsultasTematica/Detalle/305978

Recursos de Revisión en Materia de Seguridad Nacional			
Materia	**Números de expediente de RRMSN**	**Autoridad - Sujeto Obligado**	**Sentido general de lo resuelto por la SCJN**
Resultados de exámenes de evaluación de confianza de la titular de la SSPC.	1 1/2023	Secretaría de Seguridad y Protección Ciudadana	Sentido: Confirma Razón: Se desechó por extemporáneo.
Contratos celebrados en el año de 2022 bajo la aplicación del Protocolo de Emergencia para la contratación de potencia en el sistema eléctrico de Baja California	1 2/2023	Centro Nacional de Control de Energía	Sentido: Confirma Razón: No se advierten razones para determinar que la difusión de esa información pudiera provocar un sabotaje a la infraestructura de las centrales eléctricas en el Estado de Baja California con motivo del alza desproporcionada en los costos de los contratos. Asimismo, el Protocolo Correctivo, si bien se activa en situaciones de emergencia, éstas son recurrentes y por períodos transitorios determinados, aunado a que la información solicitada no corresponde a un proceso en curso sino a uno anterior ya concluido.[209]
Oficios del Secretario Particular del Presidente de la República, clasificados en tanto que se hace referencia a nombres de Almirantes y Vicealmirantes del Estado Mayor, así como la región naval a la que se encuentran adscritos.	1 4/2022	Oficina de la Presidencia de la República	Pendiente de resolverse.
Acta entrega recepción del Procurador Fiscal	1 6/2022	Secretaría de Hacienda y Crédito Público	Pendiente de resolverse.

209 Suprema Corte de Justicia de la Nación, recurso de revisión en materia de seguridad nacional 2/2023, 8 de febrero de 2024, disponible en: https://www2.scjn.gob.mx/ConsultasTematica/Detalle/310867

Recursos de Revisión en Materia de Seguridad Nacional			
Materia	**Números de expediente de RRMSN**	**Autoridad - Sujeto Obligado**	**Sentido general de lo resuelto por la SCJN**
Directorio de Servidores Públicos y servicios concesionados en centros de readaptación social	2 9/2022, 3/2023	Órgano Administrativo Desconcentrado de Prevención y Readaptación Social	Sentido: Confirma Razón: Engrose pendiente de publicación.
Cambio de uso de suelo forestal, modalidad B, con riesgo, del Aeropuerto Felipe Carrillo Puerto, Tulum, Quintana Roo.	2 4/2023, 5/2023	Secretaría de la Defensa Nacional.	Sentido: Confirma. Razón: Engrose pendiente de publicación.
Información sobre Sistema de Información de Mercado del Estado Operativo del Sistema Eléctrico Nacional, para el periodo de agosto de 2023.	1 6/2023	Centro Nacional de Control de Energía.	Pendiente de resolverse
Estado de fuerza de las corporaciones policiales estatales, del año 2010 al 2022	1 1/2024	Secretariado Ejecutivo del Sistema Nacional de Seguridad Pública	Pendiente de resolverse
Irregularidades detectadas en diversos procedimientos de inspección impacto ambiental.	1 2/2024	Secretaría de Medio Ambiente y Recursos Naturales.	Pendiente de resolverse

De las anteriores referencias es posible advertir algunas conclusiones. De los 53 recursos interpuestos, 31 están directamente relacionados con la adquisición, autorización o tratamiento de vacunas para combatir la pandemia de SARS-CoV2 (COVID-19). De estos 31, 16 están vinculados con condiciones esenciales de contratación, 9 con autorizaciones sanitarias y el resto con el tratamiento de las vacunas. De estos 31, la Suprema Corte de Justicia de la Nación estimó que únicamente las cláusulas económicas o condiciones esenciales de contratación podrían poner en peligro la viabilidad de la estrategia nacional de vacunación y, por lo tanto, a la seguridad nacional. El resto de la información relacionada con la estrategia de vacunación fue desestimada como riesgosa para la seguridad nacional, y por lo tanto confirmadas las resoluciones del INAI.

Por otro lado, en términos generales se puede aseverar que, de los 53 asuntos en cuestión, en 19 de ellos se revocó la resolución del órgano garante, de los cuales, como ya se refirió, 16 se encuentran relacionados con las condiciones esenciales de contratación de compraventa de vacunas, y los tres restantes, referidos a planes y bitácoras de vuelo de la oficina de la Presidencia de la República. A su vez, en los expedientes 24/2021 y 1/2022, relacionados con autorizaciones sanitarias y donaciones de vacunas, se resolvió confirmar y modificar. Esto último, por cuanto hace al vínculo con las cláusulas económicas de la contratación de las vacunas. Esto quiere decir, que, en números absolutos, de 53 asuntos, en 27 expedientes se ha resuelto la confirmación de las resoluciones del INAI. Dicho de otra forma, lo anterior implica que los argumentos de la Consejería Jurídica con relación a la posible vulneración a la seguridad nacional no fueron suficientes para que la Suprema Corte de Justicia de la Nación resolviera restringir el derecho de acceso a la información.

Por otro lado, desde una perspectiva cualitativa es posible clasificar los recursos por materia y desde esa posición, el resultado es positivo para el INAI. Del total de recursos de revisión interpuestos, pueden desprenderse en 22 temáticas distintas. En 2 se revocó la determinación del INAI por considerar que la información sí podía poner en riesgo la seguridad nacional (cláusulas económicas y planes de vuelo); mientras que en los 15 restantes se confirmó la resolución del Instituto Nacional de Transparencia. Tómese en consideración que, de la lista referida, aún se encuentran pendientes de resolverse cinco recursos. Si bien cada expediente tiene particularidades que habría que analizar caso por caso, sin duda es un dato revelador que permite observar que la Suprema Corte de Justicia de la Nación ha erigido un elevado estándar para la Consejería Jurídica, tratándose de la acreditación de la prueba de daño y la presentación de elementos de convicción.

De tal forma, y más allá de valoraciones que se pudieran tener en torno a cada una de las resoluciones aquí mencionadas, el control jurisdiccional ejercido por la Suprema Corte de Justicia de la Nación en uso de sus facultades constitucionales ha producido una serie de criterios en donde se ha delimitado la discrecionalidad de las autoridades para utilizar el concepto abstracto e indeterminado de seguridad nacional, como excepción al ejercicio del derecho de acceso a la información. Asimismo, ha hecho que las autoridades e instancias en la materia deban sujetarse a la restricción al ejercicio del derecho a estándares en donde se debe demostrar de forma fehaciente que esa información representa un peligro cierto para la seguridad nacional.

Además, se ha delimitado el ámbito material de la seguridad nacional al establecerse en cada resolución su alcance y definición sustantiva. Es decir, si bien se trata de resoluciones con alto contenido casuístico, dadas las circunstancias fácticas, el fondo de lo resuelto se encamina a precisar con detalle qué sí puede poner en riesgo a la seguridad nacional. Con lo cual, se establece en consecuencia, qué es seguridad nacional.

En suma, estimamos que se trata de una función de control constitucional de la mayor importancia, en tanto que la seguridad nacional puede ser y es utilizada como instrumento discursivo para la restricción de los derechos humanos y limitación institucional democrática. Si bien se circunscribe al derecho de acceso a la información, que es lo que ultimadamente se encuentra en el centro del quehacer jurisdiccional en este caso, la Suprema Corte de Justicia de la Nación funge como un auténtico contrapeso al limitar por medio de este procedimiento, el uso excesivo de la seguridad nacional como causa para limitar el ejercicio de derechos humanos.

E) CONTROVERSIA CONSTITUCIONAL 217/2021

Para los propósitos de este ensayo, la Controversia Constitucional 2017/2021 es de la mayor relevancia, en la medida en que el Tribunal Pleno de la Suprema Corte de Justicia de la Nación resolvió de manera directa, sobre un acuerdo en que el Presidente de la República dispuso del concepto de seguridad nacional, al establecer que diversas obras de infraestructura tendrían ese característica y cualidad.

Al respecto, el 22 de noviembre de 2021, se publicó en el Diario Oficial de la Federación el "Acuerdo por el que se instruye a las dependencias y entidades de la administración pública federal a realizar las acciones que se indican, en relación con los proyectos y obras del Gobierno de México considerados de interés público y seguridad nacional, así como prioritarios y estratégicos para el desarrollo nacional".[210] Este acuerdo fue suscrito por el Presidente de la República, así como por todos los titulares de las Secretarías de Estado, con independencia de la Secretaría de Relaciones Exteriores. En lo esencial y más allá de las consideraciones, la parte dispositiva del Acuerdo expuso:

> ARTÍCULO PRIMERO.– Se declara de interés público y seguridad nacional la realización de proyectos y obras a cargo del Gobierno de México asociados a infraestructura de los sectores comunicaciones, telecomunicaciones, aduanero, fronterizo, hidráulico, hídrico, medio ambiente, turístico, salud, vías férreas, ferrocarriles en todas sus modalidades, energético, puertos, aeropuertos y aquellos que, por su objeto, características, naturaleza, complejidad y magnitud, se consideren prioritarios y/o estratégicos para el desarrollo nacional.
>
> ARTÍCULO SEGUNDO.– Se instruye a las dependencias y entidades de la Administración Pública Federal a otorgar la autorización provisional a la presentación y/u obtención de los dictámenes, permisos o licencias necesarias para iniciar los proyectos u obras a que se refiere el artículo anterior, y con ello garantizar su ejecución oportuna, el beneficio social esperado y el ejercicio de los presupuestos autorizados.
>
> La autorización provisional será emitida en un plazo máximo de cinco días hábiles contados a partir de la presentación de la solicitud correspondiente. Transcurrido dicho plazo sin que se emita una autorización provisional expresa, se considerará resuelta en sentido positivo.
>
> ARTÍCULO TERCERO.– La autorización provisional tendrá una vigencia de doce meses, contados a partir de su emisión, periodo en el cual se deberá obtener, conforme a las disposiciones aplicables, la autorización definitiva.

Como consecuencia de esta publicación, y por estimar que el Acuerdo en lo esencial transgredía su esfera de atribuciones constitucionales, el Instituto Nacional de Transparencia interpuso demanda de controversia constitucional. Entre otras cosas, se adujo que la seguridad nacional no es un concepto disponible para el Presidente de

---

210 Diario Oficial de la Federación de 22 de noviembre de 2021, disponible en: https://www.dof.gob.mx/nota_detalle.php?codigo=5635985&fecha=22/11/2021#gsc.tab=0

la República, siendo que, en esencia, lo que el Acuerdo realizaba era una declaratoria general de reserva por seguridad nacional, lo que haría ineficaz la función garante del INAI en la protección del derecho de acceso a la información y a la postre, haría nugatorio el derecho mismo, ya que la información en sí misma sería así considerada por todos los sujetos obligados de la administración pública federal.

Entre otras cosas, destaca que en la demanda se solicitó la suspensión para el efecto de que no sean consideradas de seguridad nacional las obras a que hacía referencia el Acuerdo, y que, para tales propósitos, se siguieran las formalidades del procedimiento administrativo para su clasificación correspondiente mediante la prueba de daño. Siendo así, mediante acuerdo de 13 de diciembre de 2021,[211] el Ministro Instructor otorgó la suspensión al considerar que el Acuerdo generaría una restricción al acceso de información relacionada con las obras de infraestructura correspondientes, con lo cual se vulnerarían las atribuciones del INAI.

De lo anterior, es que la suspensión fue otorgada para el efecto de que se suspendieran todas las consecuencias del Acuerdo en cuestión, que consistieran en clasificar la información como de seguridad nacional. Es decir, que no se materializara en la porción relevante, el Acuerdo impugnado. Lo que generó como consecuencia que, en caso de que se pretendiera clasificar cualquier información relacionada como reservada, se debía seguir con el procedimiento ordinario, acreditar la prueba de daño, entre otros pasos.

Siendo así, mediante sentencia de 22 de mayo de 2023, la Suprema Corte resolvió declarar la invalidez del Acuerdo impugnado, al considerar que, en efecto, vulneraba la esfera competencial del INAI. A su vez, resolvió que el Acuerdo transgredió el principio de reserva de Ley dispuesto por el artículo 6° constitucional, con relación a los términos en los que procede la reserva de información, siendo que su ampliación por razones de seguridad nacional se encuentra indisponible para el Ejecutivo federal. Así, el Tribunal Pleno estimó que:

---

[211] Suprema Corte de Justicia de la Nación, Controversia Constitucional 217/2021, acuerdo de suspensión de 13 de diciembre de 2021, disponible en: https://www.scjn.gob.mx/sites/default/files/acuerdos_controversias_constit/documento/2021-12-15/MI_IncSuspContConst-217-2021.pdf

> (...) al colocar toda la información relativa a las obras y proyectos referidos bajo el supuesto de reserva de información, genera un régimen de opacidad con un efecto inhibidor tanto para la transparencia de los sujetos obligados de la [Administración Pública Federal] como para el ciudadano en el ejercicio del derecho de acceso a la información.
>
> Así, en la práctica, para los sujetos obligados se ve reducida la carga de fundar y motivar la clasificación de la información. Más aun, ante un Acuerdo expedido por el Ejecutivo Federal y refrendado por todas las Secretarías, a través de sus respectivos Titulares, la exigencia de que los servidores públicos correspondientes demuestren fácticamente que la publicación de la información representa un riesgo real, demostrable e identificable de perjuicio significativo al interés público o a la seguridad nacional, se ve mermada.[212]

Destaca de lo anterior que una clasificación generalizada y anticipada, además de estar expresamente prohibida por la Ley de la materia, produce un efecto inhibidor en el ejercicio del derecho de acceso a la información. Esto es de extrema importancia porque en el ejercicio de este derecho es y debe ser dinámico y estar sujeto a un entorno que propicia precisamente el interés por conocer aquello que hacen las autoridades y representantes, en un contexto de apertura y transparencia generalizada. Con lo que se concluiría que las acciones que se fundamenten en conceptos abstractos como la seguridad nacional, sin procesar debidamente las razones jurídicas y fácticas para ello, producen un desincentivo para el ejercicio del derecho, en detrimento del diálogo democrático.

Se trata de una resolución muy relevante en la materia, porque de forma más bien implícita, la Suprema Corte estableció que el Presidente de la República no puede disponer del concepto de seguridad nacional, aún cuando en términos del artículo 89 de la Constitución tenga el deber de preservarla. Es decir, precisó que, en términos del texto constitucional, el Presidente no puede ampliar o restringir el concepto de seguridad nacional, e incluso dotarlo de contenido material, sino que debe atenerse de manera expresa a lo que establece la legislación, en términos del principio de reserva de Ley.

---

212 Suprema Corte de Justicia de la Nación, Controversia Constitucional 217/2021, resolución de 22 de mayo de 2023, disponible en: https://www2.scjn.gob.mx/ConsultasTematica/Detalle/291249

A manera de conclusión de este capítulo, es posible advertir que la Suprema Corte de Justicia de la Nación ha ejercido de forma puntual y responsable el control jurisdiccional en materia de seguridad nacional. Estimamos que si bien cada caso puede ser analizado por sus méritos propios, el Máximo Tribunal ha sido consecuente en la interpretación que ha dado a la Constitución y los límites y alcances que ésta determina sobre la seguridad nacional, estableciendo de forma clara qué autoridades tienen legitimación constitucional para precisar sus alcances materiales, así como los estándares de prueba que se requieren para que la seguridad nacional sea utilizada como excepción al ejercicio del derecho a la información.

Se trata de una labor jurisdiccional esencial que permite a la Suprema Corte de Justicia de la Nación, a partir del ejercicio de sus atribuciones constitucionales, establecer parámetros de actuación, así como límites, alcances y posibilidades a las distintas autoridades que de alguna u otra forma intervienen en la seguridad nacional. Se trata de una función de relevancia fundamental, dada la maleabilidad y abstracción del concepto de seguridad nacional en sí mismo, por lo que es indispensable el debido control constitucional por parte del Poder Judicial de la Federación, con la finalidad de garantizar el ejercicio de los derechos humanos.

AGRADECIMIENTOS

Los autores queremos dejar testimonio de gratitud a las personas que nos han apoyado en la elaboración de este libro. En primer lugar a Herson García Gallegos, por su atenta lectura y recomendaciones a una primera versión del texto. Finalmente, a nuestros queridos amigos de la editorial Tirant lo blanch, por permitirnos presentar estas reflexiones bajo su importante sello.